hänssler

Thomas Schirrmacher

Moderne Väter

Weder Waschlappen noch Despot

Hänssler – KURZ UND BÜNDIG
Bestell-Nr. 394.609
ISBN 978-3-7751-4609-8

Internet: www.haenssler.de
E-Mail: info@haenssler.de
Umschlaggestaltung: Jens Vogelsang, Aachen
Titelbild: Corbis GmbH
Satz: typoscript GmbH, Kirchentellinsfurt
Druck und Bindung: Ebner & Spiegel, Ulm
Printed in Germany

Die Bibelstellen hat Professor Dr. Thomas Schirrmacher
selbst übersetzt.

Inhalt

Geht es Ihnen nicht auch so? Über manch einen Themenbereich würde man gerne als Normalbürger Bescheid wissen (oder muss es vielleicht sogar). Doch was die Fachleute schreiben, ist im Normalfall zu kompliziert und zu umfangreich. Wer hat schon Zeit, sich in jedes Thema wochenlang einzuarbeiten!?

Hier wollen wir Hilfestellung leisten. In *Hänssler kurz und bündig* geben Fachleute, die sich mit einem Thema schon seit Jahren intensiv beschäftigen, kurz und verständlich einen Überblick über das, was man wissen muss, wenn man Bescheid wissen will und mitreden können möchte.

Dabei enthält jeder Band der Reihe *Hänssler kurz und bündig* die folgenden Elemente:

- Fakten und Basisinformationen
- die Diskussion kontroverser Fragen
- praktische Hilfen und Hinweise zum Weiterarbeiten

All das ist so angelegt, dass der Leser sich in zwei bis drei Stunden (also etwa statt des Abendkrimis oder auf einer Zugfahrt) ein Thema in seinen Grundlagen aneignen kann. Die Anwendung im Leben oder das anschließende Gespräch mit anderen wird dann aber sicher etwas länger dauern...

Ich würde mir wünschen, dass dieser kleine Band Ihren Horizont erweitern kann und die Informationen liefert, die Sie suchen.

Thomas Schirrmacher

I. Kinder lieben Väter – Väter lieben Kinder

1. Krise und Chance

Vaterschaft im Umbruch

Es ist eine alte Mär, die auch durch ihr Alter nicht richtiger wird: Männer sind nicht für Kinder geschaffen, denn Erziehung ist Frauensache. Richtig hingegen ist: Väter und Kinder sind füreinander wie geschaffen! Es gibt nichts, was einen Mann in dieser Welt mehr erfüllen kann, als gelungene Vaterschaft! Deswegen soll es in diesem Buch vor allem um die Chancen gehen, die der gesellschaftliche Umbruch Vätern heute bietet.

Nach einem Gottesdienst stand ich mit einem Freund im Gespräch, und wir beide hatten unsere kleinen Kinder auf dem Arm. Da kam eine ältere Dame hinzu und sagte: „Mann, habt ihr es gut und haben es eure Kinder gut!". In dem Gespräch, das sich daraus entwickelte, erzählte sie uns, dass sie als Mutter früher überzeugt gewesen sei, dass man Kinder besser nicht mit Männern alleine lassen solle. Musste sie ins Krankenhaus, übergab sie ihre Kinder Verwandten und nicht dem Vater, nicht nur, weil der Vater arbeitete, sondern vor allem, weil sie Sorgen um ihre Kinder hatte. Ihr Mann habe dagegen aber nicht protestiert, sondern hielt sich selbst für unfähig. Im Notfall konnte er sich natürlich um die Kinder kümmern, im Normalfall aber waren sie bei einer weiblichen Verwandten besser aufgehoben. Heute wisse sie, dass es ein Fehler war, den Kindern ihren Vater vorzuenthalten, und freue sich, dass es die jungen Väter heute einfacher hätten.

Doch haben sie es heute einfacher? Nach einer Untersuchung des Frankfurter Instituts für Sozialforschung sind

65 % aller Väter mehr oder weniger verunsichert. Das Familienministerium hat ähnliche Ergebnisse vorgelegt. Frauen schreiben deswegen Bücher wie „Mr. Unentschieden: Warum Männer zu nichts taugen"[1], haben aber außer Klagen nicht viel zu bieten. „Das Selbstbild vieler Männer und Väter ist brüchig geworden. Sie wissen nicht mehr, was sie über sich selbst denken sollen. Bei manchen wird die Verunsicherung überspielt mit beruflichen Leistungen oder verdrängt durch Flucht in die Abwechslung. Doch sie nagt offensichtlich spürbar am männlichen Selbstverständnis! ... All diese Trübungen des männlichen Ichs resultieren aus einer langen Geschichte atmosphärischer Störungen ... Seit zwei Jahrhunderten schon wird die Vatervorstellung entwertet"[2], so dass der Einsatz des Vaters gesellschaftlich immer weniger gewürdigt wurde.

„Die mit Beginn des vorigen Jahrhunderts einsetzende Frauenbewegung und ihre Wiederbelebung Ende der sechziger Jahre hat zu tief greifenden Veränderungen des patriarchalen Gesellschaftsgefüges geführt. So notwendig dieser revolutionäre Umbruch war, so krisenhaft hat sich heute die Geschlechterpolarisierung besonders beim Umbau der traditionellen Familie zugespitzt. Im Rahmen der Befreiungsbewegung von Frauen und Männern gerieten die Konsequenzen für die Kinder nahezu aus dem Blickfeld. Das ernsthafteste Problem der zunehmenden Familienauflösung stellt der definitive Vaterverlust für Millionen heranwachsender Kinder dar."[3] Besonders seitdem das „Zerrüttungsprinzip" in der Scheidungsgesetzgebung herrscht, werden jährlich Tausende von Kindern automatisch ihren Müttern zugesprochen (bis etwa 1850 wurden sie automatisch und ebenso ungerecht automatisch den Vätern zugesprochen!). Die Väter werden häufig im Umgang mit den Kindern weitgehend entrechtet, müssen aber weiter Unterhalt für die Kinder bezahlen. Die Zahl der durch diese Praxis ohne Vater aufwachsenden Scheidungskinder geht in die Hunderttausende. Es ist an der Zeit, dass Väter „gleichberechtigt" werden und ihnen nicht automatisch die Fähigkeit zur Erziehung abgesprochen wird. In eigentümlicher Weise trifft sich hier nämlich die alte Rollenaufteilung (der Mann arbeitet außer Haus ohne Verantwortung für die Erziehung, die Frau versorgt die Kinder) mit feministischem Gedankengut (der Mann ist an allem schuld und sollte besser die Finger von den Kindern lassen).

Gleichzeitig rufen aktuell die Familienminister der EU Väter dazu auf, eine aktive Rolle in der Kinderbetreuung zu übernehmen. Sie fordern auch von Unternehmen, mehr Freiraum für Eltern und Väter zu schaffen. Das sei auch im eigenen Interesse; mit den Vätern wanderten oft die qualifiziertesten Talente ab. „Europa braucht die Väter."[4]

Eltern müssen heute miteinander viel mehr regeln und entscheiden als früher. Kaum noch etwas ist vorgegeben, dafür hat die Zahl der Möglichkeiten in allen Lebensbereichen enorm zugenommen. Wenn dabei Aufgabe und Rolle als Vater oder Mutter völlig unklar sind, weil sich traditionelle und (post-)moderne Rollenbilder vermischen, ist vorprogrammiert, dass es nur zu Missverständnissen, Unzufriedenheit und Streit kommt.

Die Chancen sehen

Eigentlich geht es um nichts anderes als um eine Rehabilitation des Vaters. Natürlich kann es dabei nicht darum gehen, ein diktatorisches Vaterbild aufleben zu lassen oder den Vater auf die Funktion des Ernährers zu reduzieren. Nein, es geht um den Vater, der durch seine Fürsorge und seinen Schutz seiner Verantwortung gerecht wird und seine Kinder behutsam, aber bestimmt in die Welt einführt und zur Selbstständigkeit reifen lässt.

Seit 200 Jahren wird die Bedeutung des Vaters allzuoft heruntergespielt, heruntergeredet, von der Wissenschaft als überflüssig angesehen oder als gefährlich dargestellt. Und dennoch hat das nichts daran geändert, dass ein engagierter, liebevoller Vater ebenso wie eine gute soziale Stellung des Vaters mehr Chancen im Leben eröffnen als alles andere. Also gilt es nicht nur zu klagen, sondern das als eine schöne Herausforderung für Väter zu sehen! Die meisten weiblichen Nobelpreisträgerinnen wurden von klein auf von ihrem Vater gefördert, der an sie glaubte und sie in der Forschung förderte.

Mir geht es diesem Buch darum, statt der Krise der Vaterschaft die großen Chancen zu sehen, die es mit sich bringt, wenn man Aufgaben wie die des Vaters ganz neu durchdenken und gestalten muss und darf. „Noch nie waren die Möglichkeiten so groß, dass Väter frei nach ihren individuellen Fähigkeiten und Stärken (gemeinsam mit ihrer Partnerin) ihre Rolle und ihre Aufgaben als Vater selbst definieren."[5]

Ich stimme Ian Banks zu: „Was die Betreuung der Kinder betrifft, war das Leben für einen Vater früher viel einfacher. Einfacher, aber weniger befriedigend."[6] Deswegen möchte ich mit Banks allen Männern, die sich nicht sicher sind, ob sie das Abenteuer Vaterschaft eingehen wollen, oder die bereits Väter sind, aber sich vor dem vollen Engagement im Betreuungsalltag scheuen, sagen: „Wenn Sie zu den unwilligen oder unentschlossenen Vätern zählen, dann machen Sie sich bewusst, dass jede Wohlfahrtsorganisation von Rang und Namen, die sich um Kinder kümmert, unablässig die entscheidende Rolle des Vaters und seiner Beziehung zu den Kindern betont. Die Forschungsbefunde einiger überaus intelligenter Menschen zeigen, dass das Kind in der Schule wesentlich bessere Leistungen erbringen kann und eine positivere Einstellung zum Lernen hat, wenn ein liebevoller Vater zur Verfügung steht. Es überrascht nicht, daß Fachleute der Meinung sind, Söhne von Vätern, die sich aktiv an der Erziehung ihrer Kinder beteiligten, hätten ein stabileres Selbstwertgefühl als Söhne, deren Väter meist abwesend waren."[7]

Es geht mir nicht darum, den patriarchalischen bzw. feministischen Dauerstreit fortzuführen, denn aus unlösbaren Konflikten wird selten Gutes geboren, schon gar nicht für Kinder. Und für die Kinder ist es verheerender, wenn sich die Eltern dauernd über ihre Rollen streiten, als wenn sie diese oder jene Aufgabenverteilung wählen, dann aber auch zufrieden damit sind und ihre Partner darin unterstützen. Ich stimme noch einmal Ian Banks zu: „Schaut her, Freunde, das ist kein Krieg. Vergesst den Kampf der Geschlechter. Wir verlangen von den Frauen nicht, die Schlacht von Waterloo zu führen. Wir haben nur so eine leise Ahnung, dass es mehr Spaß machen könnte, sich um die Kinder auch wirklich zu kümmern, statt sie lediglich zu zeugen."[8]

Was dieses Buch leisten soll und was nicht

Ich klammere in diesem Buch die Frauen bewusst ein Stück weit aus, das heißt: Nur gelegentlich gebe ich Ratschläge für Mütter in Bezug auf ihre Männer. In der Regel spreche ich Väter an.

Ich verzichte auch darauf, immer wieder zu betonen, wie wichtig eine liebevolle Mutter für die Entwicklung ihrer Kinder ist, denn dazu gibt es Literatur wie Sand am Meer. Auch will ich nicht, dass Väter ihre Aufgabe anstelle der Mütter wahrnehmen. Und erst recht nicht wünsche ich mir eine Welt ohne Frauen. Es ist nicht gut, wenn Männer alleine diese Welt bestimmen, denn sie sind oft hilflos, wie es bereits auf den ersten Seiten der Bibel zu lesen ist. Gott, der allein unsere wahre „Hilfe" ist (Psalm 38,23), stellt fest: „Es ist nicht gut, dass der Mensch allein ist; ich will ihm eine Hilfe geben als sein Gegenüber" (1. Mose 2,18).

Das Buch ist trotzdem für Frauen, die mit Männern zusammenleben, interessant, denn nicht nur vielen Vätern fehlt die Orientierung, sondern auch viele Mütter wissen nicht mehr, was sie eigentlich von ihren Männern als Väter erwarten sollen und was nicht.

Dies Buch ist im Übrigen kein Eheratgeber, obwohl es auch darum gehen wird, wie stark die Beziehung zur Partnerin darüber entscheidet, ob man ein guter Vater ist. Auch der Unterschied von Mann und Frau, der für unser Thema wesentlich ist, kann nur kurz angesprochen werden.

Ich schreibe dieses Buch a) als jemand, der seit vielen Jahren die relevante Literatur aus der internationalen Vaterforschung liest, b) als einer, der Familien über lange Zeit seelsorgerlich begleitet und vieles aus der Nähe gesehen und gehört hat und c) aus der eigenen Erfahrung eines Vaters, der von zu Hause aus arbeitet und deswegen das Glück und Vorrecht hat, das Aufwachsen seiner beiden Kinder aus nächster Nähe mitzuerleben und mitzugestalten, einer der „modernen Väter" eben.

Was ich hier schreibe, versuche ich selbst zu leben. Ob das wirklich gelungen ist und gelingt, werden dann meine Kinder einmal in zehn Jahren beurteilen müssen. Selbstkritik steht jedem Vater gut an, und als Christ ist mir meine Unzulänglichkeit erst recht bewusst. Man wird schließlich nicht Christ, wenn man sagt „Ich danke dir, Gott, dass ich nicht bin wie die andern ..." (Lukas 18,11), sondern mit der Bitte „Gott, sei mir Sünder gnädig!" (Lukas 18,13). Zum Vatersein gehört eben auch das Vorbild, seinen Kindern gegenüber eigenes Versagen und eigene Schuld bekennen zu können und von Gott und den Kindern Vergebung zu erlangen.

Nun mag man meinen, dass – wie in meinem Fall – zwei Professoren als Eltern mit zwei Kindern gut reden haben. Natürlich möchte ich meinen Lebensstil anderen nicht vorschreiben, aber doch immerhin so viel sagen: Wir haben uns unseren Kindern verschrieben, bevor wir beruflich Erfolg hatten, und haben auch noch mit Teenagern die eiserne Regel, dass unsere Kinder nie ohne unsere eigene Betreuung sind. Wir haben sie entweder auf Reisen mitgenommen, oder aber einer von beiden blieb zu Hause. Nur zweimal brauchten wir einen halben Tag einen Babysitter, weil wir gleichzeitig unterwegs waren. Diese Selbstverpflichtung, häuslich präsent zu sein, hat manchen beruflichen Verzicht mit sich gebracht, aber unser Familienleben enorm stabilisiert und vor allem mir Vaterschaft von einer ganz neuen Seite gezeigt. Dazu möchte ich einen Beitrag wiedergeben, der 1999 aus einem Interview entstand.

Aus christlicher Sicht: „Papa & Co." (verfasst 1999) [9]

Das prägendste Zeugnis eines Christen, das ich in meinem Studium gelesen habe, ist das Zeugnis des bedeutenden methodistischen Theologieprofessors Lawrence O. Richards, der auf dem Höhepunkt seiner Karriere mit der Drogenabhängigkeit seiner Tochter konfrontiert wurde und erkennen musste, dass er über seinem weltweiten Dienst seine Familie vernachlässigt hatte. Vergebung und radikale Umgestaltung seines Lebens, in dem nun seine Frau und seine Kinder die erste Priorität hatten, nutzte Gott in seiner Gnade auch dazu, der Tochter aus dem Sumpf zu helfen.

Meine geistlichen Ziehväter – mein eigener Vater ebenso wie etwa Francis Schaeffer, Rudolf Bäumer, Alfred E. Stückelberger oder Francis Nigel Lee – lehrten mich früh, dass der effektivste geistliche Dienst seine Wurzeln in einer intakten und tragenden Ehe und Familie hat. Außerdem bekamen wir oft den Rat mit auf den Weg, gerade im vollzeitlichen Dienst Zeit für die kleinen Kinder freizuschaufeln, da diese Zeit nie zu wiederholen ist und die Zeit, wo die Kinder nicht ständig mit Papa und Mama zusammen sein wollen, schnell genug kommt.

So waren meine Frau und ich uns von Anfang an einig, unserer Ehe immer die erste Priorität einzuräumen, was sich oft als Rettungsanker und Ruhepol erwiesen hat. Um für die Zeit mit Kindern vorzubeugen, machten wir uns selbstständig und sorgten dafür, dass unsere Hauptarbeit – für wen auch immer – vom Arbeitszimmer neben unserer Wohnung aus getan werden konnte. Das machte es denn auch für meine Frau einfach, berufstätig zu sein, ohne dass das die Familie auseinanderriss.

Gerade als ich nach Jahren des Rödelns und Unterrichtens in den USA meine erste Professur erhalten sollte und meine Frau zeitgleich eine Gastprofessur, die wir ein Jahr später auch annahmen, sagte sich unser David an. Die Geburt von David war für mich die erhebendste geistliche Erfahrung meines nicht gerade langweiligen Lebens und wurde später nur von einem eingeholt: der Geburt unserer Tochter Esther drei Jahre später. Gott stiftet neues Leben und legt es uns vertrauensvoll in die Hände. Die spezielle Geburtsklinik in Bensberg, in der man sein Kind wie zu Hause bekommt und das Ehepaar absolute Priorität genießt, ließ uns nach der Geburt völlig allein. Wir waren so fasziniert, dass wir für eine Stunde vergaßen nachzuschauen, ob wir ein Mädchen oder einen Jungen hatten!

Doch nun kam der Offenbarungseid: Jahre der verträumten Pläne wurden von der Realität abgelöst. Vor allem die völlige Übermüdung meiner Frau und mir durch zu wenig Schlaf in der Nacht wird mir unvergesslich bleiben.

Wir entschieden uns, dass meine Frau zwei Drittel der Zeit und ich ein Drittel der Zeit für die Kinder da sein würden. Dadurch hätte meine Frau Luft, ihre Islamforschungen teilzeitlich fortzusetzen und ich täglich Zeit, meine Kinder wirklich zu erleben, für sie da zu sein und sie als Vorbild erziehen, nicht nur als Stimme aus dem Hintergrund.

Habe ich die Entscheidung bereut? Hätte ich nicht mehr Hausbesuche und Reisen in alle Welt machen können, in mehr Vorständen sein und mehr Ruhe haben können? Ja sicher, und natürlich denkt man manchmal mehr an das, was man noch tun könnte, übrigens auch, wenn man ohne Kinder bereits am Rande des Möglichen ist.

Nun sicher, es war und ist oft anstrengend, meine Zeit für die Kinder und meinen Beruf als Pastor, Autor, Verleger und Theologieprofessor unter einen Hut zu bringen.

Es ist oft anstrengend. Aber ist es das nicht sowieso? Ist die Alternative nicht einfach nur, dass meine Frau eben mehr Stress hat?

Nein, ich habe es nie bereut, mitten im Chaos sehr viel Zeit für meine Kinder zu haben! Meine Kinder und meine Frau schon gar nicht! Die enge Beziehung zu meinen Kindern, die Gespräche über Gott und die Welt, das gemeinsame Singen, Spielen und Albern möchte ich um nichts in der Welt missen.

Ich gewinne durch die emotionale Beziehung selbst Stabilität und sorge dafür, dass mein Leben nicht rationalistisch verkümmert. Meine Kinder zwingen mich, vieles zu lernen und nachzuschauen, was mich schon Jahre nicht mehr beschäftigt hat. Ich begreife noch tiefer, dass Menschen und ihre Liebe zueinander, nicht Sachen oder Konzepte diese Schöpfung ausmachen. Aber ich sehe auch wie in einem Spiegel meine Sünden, Fehler und Schwächen, die ich meinen Kindern ungewollt weitergebe.

„Papa, warum hat Gott den Schmetterling rot gemacht?" Ja, warum? „Papa, warum haben die Bauarbeiter keinen Helm auf, obwohl die Polizei das will und es doch gefährlich ist?" Ja, warum? Meine Kinder lehren mich, wieder die ganz einfachen – und doch oft so schweren – Fragen zu stellen. Sie lehren mich, wie einfach Liebe ist. Sie lehren mich, wie natürlich man mit Gott, dem Kreuz, dem Abendmahl und Wundern leben kann. Sie machen mich Gott gegenüber täglich unendlich dankbar. Und sie lassen mich Gott für meine eigenen Eltern und all die Zeit, die sie in mich investiert haben, danken. Und schließlich lieben meine Kinder mich von ganzem Herzen und das... tut mir gut...

Zur Geschichte der Vaterschaft

Familie ändert sich in der Geschichte ständig. Es gibt nicht das eine Familienbild der Geschichte. Es gab Zeiten, da gaben Mütter ihre Kinder mit großer Selbstverständlichkeit für die Stillzeit ganz an eine Amme weg und da ließen Eltern ihre Kinder mit 12 oder 14 als Lehrlinge durch die Welt wandern.[10] Auch die Rolle des Vaters hat sich im Laufe der Geschichte und in verschiedenen Kulturen stark gewandelt.

Man vergleiche einmal die Situation im 18. Jahrhundert mit heute. Damals gab es kaum Institutionen, die im Wettstreit mit dem Vater standen, nicht die Schule, nicht der Arbeitgeber, nicht die Medien, da die Familie der Ort des Wirtschaftens war. Dafür gab es so etwas wie die Kernfamilie als privaten, geschützten Raum nicht; man lebte in großen Wohngemeinschaften, und die Lebenserwartung für Eltern und Kinder war kurz. Man hatte „Paten" als Ersatzeltern, die jederzeit einspringen konnten. „Seit dem 18. Jahrhundert übernahmen die Mütter viele der ehemals väterlichen Aufgaben, sie wurden Hausvorsteherinnen und zuständig für die Kindererziehung. Dies korrespondierte mit der zunehmenden Trennung von Haus und Arbeitsstelle der Väter. Die Frauen ihrerseits wurden von der Pflicht freigestellt, durch eigene Arbeit zum materiellen Unterhalt der Familie beizutragen. Faktische Wirksamkeit entwickelte dies jedoch zunächst lediglich in der Schicht der Beamten, der Akademiker, der bürgerlichen Intelligenz und des Adels. Dort begegnet man der intimisierten Privatfamilie, die ihren Kindern große Aufmerksamkeit widmet und ihnen bestmögliche Bildungschancen eröffnet. Demgegenüber spielt das Familienleben bei den kleinen Bauern, Handwerkern und dem späteren Industrieproletariat keine tragende Rolle. Mütter und Väter müssen durch Arbeit den Lebensunterhalt verdienen, wodurch Kinder eher als Last empfunden und sich selbst überlassen werden. So früh wie möglich werden die Kinder selber in den Arbeitsprozess integriert."[11]

Wenn man einmal ganz grob die Entwicklungsschwerpunkte anschaut – die Realität war natürlich viel differenzierter, und Veränderungen geschahen regional und in verschieden Bevölkerungsschichten recht unterschiedlich – so kann man folgende Zeitabschnitte unterscheiden:

Bis 1800: Die Familie ist wirtschaftliche Produktionseinheit, der Vater ihr Leiter. Die Frau ist meist wesentlich jünger als der Mann und lebt meist nicht sehr lange, die Kernfamilie ist noch innerhalb der großen Haushaltsgemeinschaft kaum als eigenständige Größe zu erkennen.

1800–1850: Beginn der Auflösung der Produktionseinheit Familie, das Einkommen wird zunehmend außerhalb erwirtschaftet. Die Ehe gilt zunehmend als geschützter, privater Raum für Werte und Gefühle. Der Vater ist vor allem der moralische Ratgeber und Planer der beruflichen und familiären Zukunft der Kinder. Er erhält bei einer Scheidung automatisch die Kinder.

1850–1900: Durch die Industrialisierung verliert die Familie endgültig ihre Rolle als Produktionseinheit, der Vater wird zunehmend zum 18 Stunden außer Haus arbeitenden Versorger. Als Folge wird etwa Alkoholismus der Väter zum Problem. Das neue bürgerliche Statussymbol gegenüber der Arbeiterschaft und Unterschicht ist, dass die Frau nicht arbeitet. Die Kinder verlassen früh das Elternhaus.

1900–1960: Der Vater ist vor allem der Familienversorger und das moralische Vorbild, der mit seinen Kindern seit den 20er Jahren vor allem bei Freizeitaktivitäten (z. B. Sport) zusammen ist. Die Ausbildungszeiten der Kinder werden länger, sie bleiben zunehmend länger in der Familie. In den 30er bis 50er Jahren entsteht das „Idealbild des Vaters als Beschützer, Ernährer und Disziplinierungsperson der Familie"[12], er nimmt aber nicht an Pflege und Betreuung der Kinder teil. Die Trennung der Ernährer- und Pflegerolle in männliche und weibliche Aufgaben war zu keiner Zeit zuvor und danach so stark.

Exkurs aus christlicher Sicht:
Autorität zwischen Waschlappen und Despot

Wie gehen wir als Christen mit den Veränderungen unserer Gesellschaft um? Wie beurteilen wir die 68er-Revolution, wie die Veränderung von der traditionellen Kernfamilie mit dem Vater als Ernährer und der Mutter als Pflegerin hin zu einer „bunten" Vielfalt an Familienformen? Man kann auch anders fragen: Gibt es ein bestimmtes Vaterbild, dass ethisch als biblisch oder christlich zu gelten hat und als Maßstab dienen kann und muss?

Christen sind weder automatisch konservativ, noch automatisch progressiv. *Sie wollen nicht den Zeitgeist von heute mit dem Zeitgeist von gestern besiegen.* Sie wissen mit der Aufforderung des Paulus in Römer 12,1-2, dass nur der davor gefeit ist, sich dem Schema dieser Welt billig anzupassen, der zu einer ständigen Veränderung durch die Erneuerung des Denkens und zu einer nie stillstehenden Prüfung des Willen Gottes bereit und fähig ist, heißt es dort doch: „... passt euch nicht dem Schema dieser Welt an, sondern werdet verändert durch die Erneuerung eures Denkens, damit ihr prüfen könnt, was der Wille Gottes ist: das Gute, das Wohlgefällige und das Vollkommene."

Das Christentum ist sehr konservativ, wenn es um die Bewahrung der Schöpfungsordnungen Gottes geht, aber sehr progressiv und revolutionär, wenn es um die Überwindung von falschen Traditionen und ungerechten Ordnungen geht, die fälschlich einen absoluten Rang wie Gebote Gottes beanspruchen. Ein reiner Konservatismus zur Beruhigung der älteren Generation ist der Bibel ebenso fremd wie die reine Veränderung zur Befriedigung der jüngeren Generation. Wer sich etwa als Christ für die lebenslange Einehe aus Liebe und Verpflichtung stark macht und meint, dass Kinder Mutter *und* Vater als Bezugspunkt brauchen, gilt in Deutschland als Ewiggestriger, zur gleichen Zeit aber in Saudi-Arabien als Revoluzzer, der die altehrwürdige Kultur aus den Angeln heben will.

Wer heute von der Bibel her christliche Ethik betreiben will, darf sich nicht auf die Schemata „konservativ oder progressiv", „Restauration oder Revolution", „vergangenheitsorientiert oder zukunftsorientiert" festlegen lassen. Die christliche Ethik darf sich nicht zwischen den Mühlsteinen des Zeitgeistes und des evangelikalen Pharisäismus aufreiben lassen.

Ein gutes Beispiel ist die 68er-Revolution in Deutschland und ähnlich in anderen westlichen Ländern, die alle Autoritäten in Frage stellte. Nicht alles davor war gut, aber auch nicht alles davor war schlecht. Konservative Christen neigen dazu, frühere Zeiten zu verklären, progressive Christen dazu, sie zu verteufeln. Aber wer von der Bibel her denkt, kann sich nicht in ein solches Schema pressen lassen. Da, wo die 68er-Revolution unmoralische Autoritäten gestürzt oder verlogene bürgerliche Fassaden zum Einsturz gebracht hat, sind Christen froh darüber, da, wo sie biblische Werte und moralische Ordnungen zerstört hat, bedauern Christen dies. Weil Christen an eine Schöpfung glauben, in der Gott als höchste Autorität Autoritäten wie den Staat oder die Eltern eingesetzt hat, haben sie die antiautoritäre Erziehung nie rundheraus gutheißen können. Aber heißt das automatisch, dass die vorher praktizierte „autoritäre" Erziehung rundheraus richtig war und es nichts gab, das wert war, abgeschafft zu werden? War nicht vorher der Hang zu drakonischen und gewalttätigen Strafen bisweilen zu ungebremst? Wurde die elterliche Autorität nicht allzu oft als uneingeschränkt angesehen, ohne daran gemessen zu werden, ob sie ihrem Ziel, dem Wohl des Kindes, dient? Und wurden Kinder nicht allzu oft nach festen Schemata behandelt, ohne auf ihre Unterschiedlichkeit einzugehen? Ist es nicht neben allen negativen Begleiterscheinungen der modernen Pädagogik auch ein Gewinn gewesen, jedes Kind als Individuum zu sehen und die Erziehung auf jedes neue Kind neu einzustellen? Doch all das war für Christen eigentlich bereits in der Bibel vorgegeben, in der Autorität nie aus sich selbst heraus existiert, sondern immer von Gott für einen bestimmten, klar umrissenen Zweck gegeben ist und an dem Guten zu messen ist, wofür er sie gegeben hat. Und hat nicht Gott als Schöpfer die Kinder so unterschiedlich gemacht und mit verschiedensten Gaben und Fähigkeiten ausgestattet?

Was haben Christen denn angesichts des häufigen Versagens autoritärer Erziehung vergangener Zeiten und des Versagens der antiautoritären Erziehungen der Gegenwart anderes anzubieten? Was unterscheidet die biblische Ausrichtung von beiden? Die jüdisch-christliche Anthropologie (Lehre vom Menschen) lebt von einer merkwürdigen Spannung. Einerseits ist der Mensch als „Ebenbild Gottes" geschaffen und von Gott mit unglaublichen Fähigkeiten und vielfältigen Möglichkeiten ausgestattet. Andererseits hat sich der Mensch als „Sünder" von Gott abgewandt und ist zu unglaublich bösen Gedanken und Taten fähig. Dieses Böse in der Welt kann nur durch Eingrenzung und Unterordnung einerseits und durch Vergebung und Gnade andererseits angegangen werden. Dementsprechend gehören Entfaltung der Selbstständigkeit auf der einen und Einordnung und Gehorsam auf der anderen Seite eng zusammen.

Christliche Pädagogik lebt deswegen von einer durchgängigen Komplementarität. Die Kinder werden als Ebenbilder Gottes gesehen, die Anleitung und Ermutigung brauchen, die ihnen von Gott gegebenen Fähigkeiten zu entfalten, denkerische ebenso wie künstlerische, literarische ebenso wie mitmenschliche. Sie sollen selbstständige Persönlichkeiten unter ihrem Schöpfer werden – das ist das Ziel der Erziehung. Erziehung ist kein Selbstzweck, sondern zielt auf eine Zeit ab, in der der zu Erziehende selbst die volle Verantwortung für sein Leben übernimmt.

Kinder werden aber ebenso als Menschen gesehen, die aufgrund der Sünde nicht mehr ihrer ursprünglichen Bestimmung entsprechend leben und deswegen Erziehung vom Bösen weg brauchen, was Grenzen und Strafe ebenso einschließt wie gnädige Seelsorge. Das Christentum ist in dieser Hinsicht sehr selbstkritisch und auch kritisch und misstrauisch, da sie davon ausgeht, dass Menschen sich nicht nur gelegentlich den einen oder anderen Schnitzer erlauben, sondern im ganz normalen Alltag davon geprägt sind, als Egoisten sich selbst und anderen zu schaden.

Die autoritäre Erziehung verlor allzu oft aus den Augen, dass jedes Kind eine von Gott unverwechselbar geschaffene Persönlichkeit ist und dass das Ziel jeder Erziehung eine gesunde Eigenständigkeit ist und die Bibel selbst das Verlassen des Elternhauses im Alter von ca. 20 Jahren (das Alter der Rechtsfähigkeit, Steuerfähigkeit, Wehrfähigkeit im Alten Testament) als das Normale ansieht. Die autoritäre Erziehung setzte allzu oft den Amtsinhaber absolut, ohne ihn an dem zu messen, wofür er seine Autorität bekommen hatte. Die autoritäre Erziehung ging allzu oft davon aus, dass man, wenn man das Böse vertrieben oder eingegrenzt habe, schon etwas Gutes erreicht habe. Die autoritäre Erziehung war zu oft ein Selbstzweck, in der etwa der Vater ein Recht darauf hatte, dass man ihn nach einem anstrengenden Tag bediente und das Parieren in sich einen Wert hatte. Nur so ist zu erklären, dass die Armee mit ihren oft verrohenden Tendenzen als „Schule der Nation" gepriesen wurde – weil es eben nur um Gehorsam an sich ging.

Die 68er bauten dann aber ebenso eindeutig die Erziehung auf „das Gute im Menschen" auf und meinten, dass dieses Gute sich schon von selbst entwickeln werde, wenn man ihm nur nicht im Wege stehe und wenn man jede Autorität beseitige. Plötzlich war die Autorität selbst das Böse und das Grenzensetzen diente nicht mehr dem Schutz vor dem Falschen und dem Erlernen des Guten und Nützlichen, sondern wurde selbst als das Übel ausgemacht. Die alte Erfahrungseinsicht, dass, wer gut und intensiv erzogen worden ist, später oft ein selbstbewusster Mensch mit Rückgrat wird und demgegenüber eine nachlässige Betreuung in der Kindheit zu unsicheren und manipulierbaren Erwachsenen führt, ging verloren.

Christliche Erziehung baut auf einer durchgängigen Komplementarität auf: Gesetz und Gnade, Ermutigung und Begrenzung, Selbstständigkeit und Führung gehören zusammen. Wer nur die „positive" Seite als Programm der Erziehung sieht, wird irgendwann brutal vom Bösen überrollt, wer nur die „negative" Seite sieht, erklärt Erziehung und auch Strafe zum Selbstzweck und verliert das Ziel aus den Augen. Kinder brauchen Grenzen[13] ebenso wie Entfaltungsfreiheit.

Die folgende Grafik gilt zwar für jede Art der Autorität, versteht sich aber am schnellsten, wenn man sie auf die Kindererziehung bezieht, gleich, ob man von sich als Kind aus an seine eigenen Erzieher denkt, oder ob man als Erzieher selbst Kinder betreut.

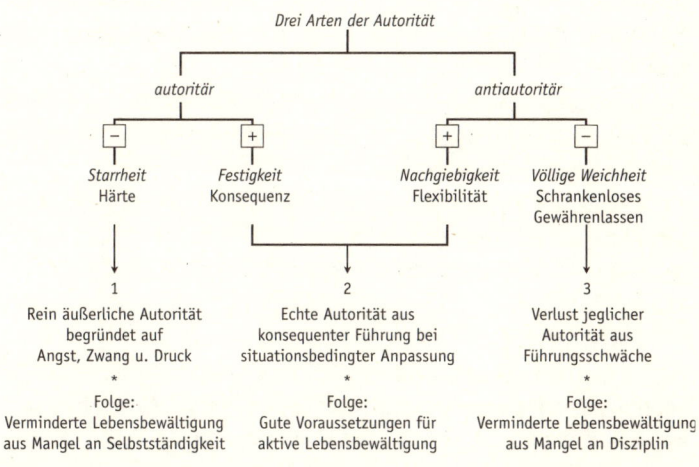

Die biblische Komplementarität müsste eigentlich jedem Menschen, ob Christ oder nicht, aus der Erfahrung heraus einleuchten. Wir alle wissen doch, wie unangenehm Vorgesetzte sind, die knallhart sind und uns als Menschen nicht einbeziehen, oder andererseits solche, die sich nie festlegen wollen. Wir wissen, dass wir uns selbst weder Eltern gewünscht haben, die immer Nein sagen, noch solche, die immer Ja sagen. Wir wissen, dass unsere Kinder sowohl echte Autorität von uns erwarten als auch ein ganz individuelles Lieben und Fördern. Wir alle lieben weder die Feldwebel und Despoten noch die Waschlappen und „Mr. Unentschieden".

Wählen wir nun ein konkretes Beispiel für gelebte Vaterschaft: Wie sich die Zeiten ändern! 90 % aller Väter sind heute bei der Geburt anwesend und gelten leicht als lieblos, wenn sie das nicht möchten. Noch in den 70er-Jahren war das in den meisten Krankenhäusern gar nicht erwünscht oder gar verboten und bildete die Ausnahme. Ich musste bei der Geburt unseres ersten Kindes 1992 noch diskutieren, um dabei sein zu dürfen, und wir mussten das Krankenhaus dazu wechseln. Aber ist diese Veränderung etwas, was der Christ bekämpfen muss, nur weil es früher anders war? Selbstverständlich nicht! Denn die Geburt eines Kindes ist eins der höchsten Güter und sie mitzuerleben, kann für den Mann zu einer echten geistlichen Erfahrung werden, die ihn ganz neu über Gott staunen lässt.

2. Das Comeback des Vaters in der Vaterforschung

Säuglinge lieben Väter – Väter lieben Säuglinge

Michael E. Lamb, der Begründer der Vaterforschung in den USA, schrieb bereits 1976: „Zum Ersten gibt es Belege dafür, dass viele Väter mit ihren Säuglingen in eine intensive Wechselbeziehung treten, dass die Art dieser Beziehung sich von der zwischen Müttern und Säuglingen unterscheidet und dass Säuglinge nicht eine konsequente Bevorzugung eines der Elternteile aufweisen. Es kann wenig Zweifel daran geben, dass der Vater oft eine wichtige Person im Leben des Säuglings und des Kleinkindes ist." [14] Ähnlich schreibt der zweite führende amerikanische Vaterforscher, Henry B. Biller: „Forscher haben herausgefunden, dass Säuglinge sogar in den ersten Jahren ihres Lebens eine starke Bindung an ihre Väter ausbilden können. Diese Bindungen werden in den Reaktionen des Säuglings auf das Verhalten des Vaters klar widergespiegelt. So verbringen zum Beispiel Säuglinge, die eine Bindung an ihre Väter haben, viel mehr Zeit damit, auf ihre Väter zu schauen, reagieren lebhaft, wenn ihre Väter in den Raum kommen oder ihn verlassen, und machen oft Bewegungen, die ihr Verlangen, ihren Vätern nahe zu sein, anzeigen. Das Ausmaß solcher Vaterbindung steht hochgradig in Beziehung zu der Qualität des väterlichen Engagements in Bezug auf den Säugling.“[15] Und schließlich sei noch der dritte große amerikanische Vaterforscher Michael E. Lamb zitiert: „Es ist äußerst wichtig, sich daran zu erinnern, dass eins der einflussreichsten Merkmale der Vater-Kind-Beziehung ihre warme und zärtliche Art zu sein scheint.“[16]

Das soll natürlich die Bedeutung der Mütter für den Säugling nicht minimieren. Lamb kommt nämlich zu dem Schluss: „Säuglinge, die zwei positiv engagierte Elternteile haben, neigen dazu, neugieriger und eifriger im Erforschen zu sein als solche, die keine enge Beziehung zu ihren Vätern haben. Sie gehen im Allgemeinen reifer mit Fremden um und reagieren kompetenter auf komplexe und neuartige Anregungen. Säuglinge mit einer guten Vaterbeziehung sind sicherer und vertrauensvoller in der Ausdehnung ihrer Erkundungen, und sie können etwas weiter im Krabbeln, Klettern und Handhaben von Gegenständen sein.“[17]

Kyle D. Pruett von der Yale-Universität hat in seinem Buch „Fatherneed“ („Vaternot“) die Gründe zusammengetragen, warum ein Kind die Fürsorge seines Vaters ebenso dringend braucht wie die seiner Mutter:[18] „Entwicklungsforschung zeigt klar, dass Kinder mit einem Trieb geboren werden, ihre Väter zu finden und sich mit ihnen zu verbinden, und Väter haben die innere Fähigkeit, den Instinkt, darauf einzugehen. Kinder und Väter hungern nacheinander früh, oft und für eine lange Zeit."[19] Eine schlechte oder fehlende Beziehung zwischen Vater und Kind schadet also sowohl dem Kind als auch dem Vater!

Dass die Mutterschaft von der Zeugung bis zum Abstillen und darüber hinaus auch stark hormonell gesteuert ist, weiß man seit langem. Erst seit kurzem ist bekannt, dass es ebenso bei Vaterschaft eine hormonelle Steuerung gibt, die vor allem durch Schwangerschaft und Geburt ausgelöst wird, aber auch generell durch das Kümmern um kleine Kinder, demzufolge auch bei nichtbiologischer, sozialer Vaterschaft einsetzen kann,[20] also etwa beim Stiefvater. „Seit kurzem weiß man, dass werdende Väter ganz ähnliche Hormonausschläge erleben, nur mit geringerer Amplitude. Auch ihr Hormonspiegel schwankt erheblich und folgt dabei ziemlich genau dem Muster der Schwangeren. Verschiedene Studien zeigten zudem, dass bis zu 65 Prozent aller werdenden Erstväter deutliche Schwangerschaftssymptome erleben: Müdigkeit, Appetitschübe, Stimmungswechsel, Kopfschmerzen. Viele erfahren psychische Wechselbäder, fallen in Depression – was auch damit zusammenhängen mag, dass sich Männer während der Schwangerschaft mindestens ebenso große Zukunftssorgen machen wie Frauen. Ist das Kind auf der Welt, knüpft im Normalfall der Vater zu ihm gleich starke emotionale Bindungen wie die Mutter und ist im Umgang mit ihm genauso kompetent. Ross Parke, ein führender Vaterforscher an der Universität von Kalifornien, hat Väter mit Neugeborenen eingehend in Laborsituationen und zu Hause beobachtet: Sie sprechen genauso viel mit ihren Babys, küssen sie genauso oft, spielen mit ihnen genauso lange wie Mütter.... In Reaktion auf ein schreiendes Kind steigen sowohl bei Frauen wie bei Männern Herzschlag, Blutdruck und Hauttemperatur, während sie bei einem lächelnden Baby unverändert bleiben.... ‚Mit Ausnahme des Stillens gibt es keinerlei Hinweis, dass Frauen biologisch prädisponiert sind, die besseren Eltern zu sein', so das Fazit von Michael Lamb."[21]

Der verheerende Einfluss wissenschaftlicher Theorien

Wie konnte es dazu kommen, dass solches Wissen so lange unbekannt blieb oder verdrängt wurde? „Erziehung ist doch Frauensache!" Auf diese kurze Formel bringen manche den Umstand, dass für die meisten Bewohner des Westens vor allem die Mutter für das Wohl eines Kindes von entscheidender Bedeutung ist. Nach einer Scheidung kommen die Kinder zunächst meist selbstverständlich zur Mutter. Wenn ein Kind schon von einem Elternteil aufgezogen wird, dann doch besser von der Mutter als vom Vater, oder? Und viele Väter waren sicher noch nicht einmal böse darüber, dass sie mit der Erziehungsverantwortung immer weniger zu tun hatten.

So war es kein Wunder, dass im Zusammenhang der Erziehung und der Entwicklung des Kindes die Mutter-Kind-Beziehung im Brennpunkt des Interesses stand. Während es Zigtausende von Arbeiten zur Rolle der Mutter für die Entwicklung des Kindes gibt, war die Vater-Kind-Beziehung selten Gegenstand der Untersuchung.

In kaum einem Bereich haben fundamentalistisch nachgebetete wissenschaftliche Theorien, die eigentlich nie bewiesen wurden, solch eine verheerende Wirkung gehabt wie im Bereich der Vaterschaft. Wer anderer Meinung war, wurde als unwissenschaftlich mundtot gemacht, wobei wir heute wissen, dass vieles einfach nur Wunschdenken war.

Die amerikanische Vaterforschung legte seit 1975 Protest ein, in Deutschland kritisierte Wassilios E. Fthenakis bereits 1985 ausführlich zahlreiche psychologische Schulen,[22] die eine einseitige Betonung der Mutter für wissenschaftlich begründet hielten. Er kam und kommt immer wieder zu dem Ergebnis, dass die Vorrangstellung der Mutter für die Entwicklung und Erziehung des Kindes keine wissenschaftliche Tatsache, sondern Ideologie ist. Die Mainzer Psychologieprofessorin Inge Seiffke-Krenke unterteilt die Vaterforschung dabei treffend in drei Phasen. In der ersten galt der Vater als distanziert und überflüssig, in der zweiten wurde er an der Mutter gemessen und galt deswegen als defizitär. Erst in der gegenwärtigen dritten Phase komme der Vater zu seinem eigenen Recht: Väter gehen eben anders mit Kindern um.

Das erste falsche Dogma ist die *„Bindungstheorie"* von John Bowlby: Das Kind bindet sich nur an eine Person, nicht an zwei, d. h. eben an die Mutter. In den ersten Jahren ist der Vater deswegen überflüssig.

„Der Vater wurde als irrelevant für die emotionale Entwicklung des Säuglings und Kleinkindes angesehen ...", was „sich inzwischen als wissenschaftlich nicht haltbar erwiesen" hat.[23] Untersuchungen haben etwa gezeigt, dass Zweijährige selbst dann ein gutes Verhältnis zum Vater haben können,[24] wenn sie zur Mutter ein schlechtes haben und dass Kinder auch eine alleinige Bindung an den Vater haben können, wenn keine Mutter da ist.

Diese Bindungstheorie trifft so noch nicht einmal auf die Tierwelt zu. Bowlby behauptet im Gefolge von Konrad Lorenz, dass Tierkinder und Menschenkinder nur engste Beziehungen zu einem einzigen Lebewesen entwickeln, meist dem ersten, das sie erblicken.[25] Für Fthenakis ist diese Theorie nicht nur im Tierreich anzuzweifelbar, sondern auch beim Menschen nie bewiesen worden. Im Gegenteil: Alle Untersuchungen weisen darauf hin, dass eine seelisch ausgeglichene und zu echter Selbstständigkeit führende Entwicklung des Kindes eine engste Bindung an zwei Personen unterschiedlichen Geschlechts voraussetzt und dass der Vater ebenso intensiv Bindungsperson des Kindes werden kann.[26]

Warum wurden eigentlich immer nur solche Tiere als Vorbilder ausgewählt, bei denen sich der Vater nicht an der Aufzucht der Jungen beteiligt? Warum nicht die Kaiserpinguine, Stichlinge, Silbermöwen, Strauße und Seepferdchen – oder wer lieber Primaten als Vorbilder möchte – südamerikanische Springaffen oder Krallenäffchen (Tamarine), bei denen der Vater Schwerstarbeit bei der gemeinsamen Aufzucht leistet, oder gar Tierarten, bei denen der Vater die Jungen allein aufzieht, wie Emus, Kiwis oder Wölfe?[27]

Das zweite falsche Dogma ist die Freud'sche Lehre vom *Ödipuskomplex*. Das Kind brauche und wolle anfänglich nur seine Mutter und der Sohn erlebe vom 3. bis zum 5. Lebensjahr in der „ödipalen Phase" den Vater als Rivalen im Kampf um die Mutter, was zur Kastrationsangst führe. Der kleine Junge wolle die Mutter heiraten und dafür den Vater töten.

Michael E. Lamb stellte bereits 1976 fest, welch verheerende Folgen Sigmund Freuds durch nichts bewiesene, aber bis heute oft dogmatisch vertretene Sicht hatte.[28] „Wenn der Psychologe *Lenzen* von der Liquidation des Vaters im 20. Jahrhundert spricht, so hat die Psychoanalyse dafür den theoretischen Rahmen geliefert, indem sie die These von der Exklusivität der Mutter-Kind-Beziehung aufrechterhalten hat."[29]

Zusammenfassend kann man Horst Petri, Professor für Psychotherapie und Psychosomatik, zustimmen: „Es ist eine schlichte Tatsache, dass im Rahmen der Befreiungsbewegung von Frauen und Männern in den letzten Jahrzehnten die Konsequenzen für die Kinder entweder nahezu ausgeblendet oder durch ideologisch gefärbte Argumente gerechtfertigt wurden, die sich inzwischen als grobe Täuschungen erweisen ... Wie konnte es so weit kommen, dass in Zeiten des Friedens und des allgemeinen Wohlstands Väter reihenweise die Verantwortung für ihre Kinder aufkündigen oder von Müttern systematisch ausgegrenzt werden? Viel zu wenige erwachen langsam aus dieser zum Alptraum gewordenen Realität."[30]

Kinder haben einen guten Einfluss auf Männer

Werfen wir also einige Blicke auf die moderne Vaterforschung und beginnen wir mit dem Gewinn, den Männer von Vaterschaft haben, bevor wir fragen, was Kinder von ihren Vätern haben. Viele Untersuchungen haben gezeigt, dass Vaterschaft einen positiven Einfluss auf Männer hat. Männer mit Kindern trinken im Durchschnitt weniger Alkohol als ihre kinderlosen Artgenossen, zeigen seltener unsoziales Verhalten und haben eine niedrigere Kriminalitätsrate. George A. Akerlof untersuchte beispielsweise in The Economic Journal den Unterschied zwischen Männern ohne Kinder und solchen, die mit Kindern zusammenlebten.[31] Die Kriminalitätsrate von kinderlosen Männern liegt nach der offiziellen Statistik der USA von 1991 wesentlich höher als die von verheirateten Männern mit Kindern. Im Gefängnis sitzen 2,6 pro Tausend Männer mit Kindern im Alter zwischen 18 und 44 Jahren, dagegen 17,6 pro Tausend unverheiratete, kinderlose Männer.[32] Der Forscher sieht als Hauptgrund für die Unterschiede, dass die Hingabe (commitment) und die Rücksichtnahme der Väter von der Familie auf andere Lebensbereiche überspringt.[33]

Es ist eben so, dass „Eltern von ihren Kindern fast genauso stark verändert werden, wie Kinder von ihren Eltern".[34] Die Verantwortung, die Männer mit Kindern tragen, bewirkt, dass sie ihre Energie sowohl in der Familie als auch in anderen Lebendbereichen sinnvoll einsetzen. Horst Petri etwa ist der Meinung, dass der Mann Beruf und Familie braucht, um seine männlichen starken Triebe der Aggression und der Sexualität in geordnete soziale Bahnen zu lenken, damit sie sich positiv auswirken können.[35]

Die Folgen der Vaterlosigkeit

Nun aber zur umgekehrten Frage: Brauchen Kinder Väter? Samuel Osheron, Psychologe an der Harvard-Universität, schreibt: „Die psychologische oder physische Abwesenheit der Väter von den Familien ist eine der großen unterschätzten Tragödien unserer Zeit."[36] Horst Petri schreibt dazu: „Es wird höchste Zeit zu erkennen, welche Katastrophe für die Gesellschaft in der Vaterlosigkeit steckt".[37] Und einer der führenden amerikanischen Vaterforscher schrieb schon vor Jahrzehnten: „In dem Ausmaß, wie die Gesellschaft eine konstruktive Rolle des Vaters bei der Kindererziehung nicht unterstützt, zahlt sie den Preis in Form von Überhandnehmen individueller Verhaltensstörungen, von Verschwendung wertvoller Fähigkeiten und verschiedener Arten sozialer Probleme. Eine sehr große Zahl Kinder, sei es in Haushalten mit zwei Elternteilen oder nur mit Müttern, sind Opfer chronischer Vernachlässigung durch den Vater. Die Entbehrung des Vaters ist oft verbunden mit persönlicher Unsicherheit und einem schwachen Selbstbewusstsein. ... In unserer Gesellschaft erhalten Kleinkinder, die keine enge Beziehung mit ihrem biologischen Vater haben, mit nur geringer Wahrscheinlichkeit beständige Beachtung seitens irgend eines anderen männlichen Erwachsenen."[38]

Es ist Zeit, einmal eine Lanze für die Väter zu brechen! Vaterlosigkeit schadet der psychischen, physischen und kognitiven Entwicklung der Kinder. Die wissenschaftlichen Argumente dafür sind spätestens seit Mitte der 70er-Jahre des 20. Jahrhunderts aufgehäuft worden, waren aber in Politik und Medien unerwünscht. „Eine kritische Analyse der vorliegenden empirischen Untersuchungen zeigt, dass bei vaterlos aufgewachsenen Kindern mit spezifischen Entwicklungs- und Persönlichkeitsstörungen gerechnet werden muss, deren Ursachen aber nicht nur im Vaterverlust oder in der langen Vaterabwesenheit liegen, sondern durch davon abhängige Beeinträchtigungen der Lebensumwelt und der sozialen Beziehungsmuster des Kindes mitbedingt sind."[39] Eins der ersten Medien, die in Deutschland darauf intensiv aufmerksam gemacht haben, war das Nachrichtenmagazin Focus. „In zwei Artikeln aus dem Jahr 1995 wird ein dramatisches Bild entworfen. Der erste ‚Wo ist Vati?' trägt den Untertitel: ‚Der Trend zur Ein-Eltern-Familie ist ungebrochen. Dabei zeigen neueste Forschungen: Kinder ohne Väter haben es ungleich schwerer im Leben.' ... ‚Über ein Drittel der Kinder leidet unter schweren psychischen Störungen. Fast zwei Drittel aller Vergewaltiger, drei Viertel der jugendlichen Mörder und ein ähnlich hoher Prozentsatz junger Gefängnisinsassen sind ohne Vater groß geworden.' Vaterlose Kinder neigen mehr zu Schulversagen, Drogensucht und sozialen Auffälligkeiten. Mädchen werden häufiger Opfer von sexuellem Missbrauch und als Teenager schwanger. Folgerung: ‚Nachdem es schick gewesen ist, Väter als Machos und Machtmenschen, als unsensible, arbeitswütige, haushaltsscheue und mithin entbehrliche Figuren aus dem Kinderzimmer wegzurationalisieren, werden sie plötzlich von der Forschung als VIPs entdeckt, als besonders wichtige Leute.'" [40]

Im Focus schrieb Ulrike Plewina später: „Als Opfer des Scheidungsbooms wachsen immer mehr Kinder in einer fast männerlosen Gesellschaft auf, zumindest ohne feste männliche Bezugspersonen. Die Stiefväter können ihnen die leiblichen Väter kaum ersetzen. Elfriede Mittag, Vorsitzende des Arbeitskreises der Leiterinnen kommunaler schulpsychologischer Dienste beim Städtetag NRW, sieht zudem in der ‚rein weiblichen Lebenswelt von Kindergarten und Grundschule ein echtes Manko'." [41] Gleichberechtigung? Wo sind die Männer in Grundschulen und Kindertagesstätten? Immer mehr Kinder wachsen in einer Welt ohne männliche erwachsene Bezugspersonen auf. Müssten wir bei der Betreuung von Kindern und Jugendlichen nicht längst eine Männerquote einführen?

Der Düsseldorfer Professor für psychosomatische Medizin und Psychotherapie, Matthias Franz, diskutiert in der *Zeitschrift für psychosomatische Medizin* „epidemiologische Befunde zur Bedeutung früher Abwesenheit des Vaters für die psychische Gesundheit im späteren Leben". [42] Er hat eindrucksvoll belegt, welche negativen Folgen die zunehmende Vaterlosigkeit für unsere Kinder hat, verursacht durch abwesende Väter, durch Verlust des Vaters durch Scheidung und durch von vornherein allein erziehende Mütter. [43] Er schreibt: „Während an der Bedeutung der liebevoll präsenten Mutter für die Entwicklung eines Kleinkindes heute kein vernünftiger Zweifel mehr möglich ist, scheint die Wichtigkeit des Vaters aber noch immer nicht im selben Maße erkannt zu sein. Dabei ist bei vaterlos aufwachsenden Scheidungskindern das Risiko für Armut, psychische Störungen, Schulabbruch, spätere Arbeitslosigkeit, Delinquenz und Frühschwangerschaften erhöht. Als Erwachsene haben sie ein erhöhtes Risiko beispielsweise an psychischen Störungen oder psychosomatischen Erkrankungen zu leiden. Insbesondere bei depressiv erkrankten Personen, Angsterkrankungen oder bei aggressiv-impulsnah agierenden männlichen Jugendlichen und Erwachsenen wurde von verschiedenen Untersuchern ein in den kindlichen Entwicklungsjahren abwesender Vater beschrieben."[44] Kurzum: „Kinder, die ohne Väter aufwachsen, sind

- 5-mal mehr gefährdet, Selbstmord zu begehen;
- 32-mal mehr gefährdet, von zu Hause wegzulaufen;
- 14-mal mehr gefährdet, Vergewaltigung zu begehen;
- 9-mal mehr gefährdet, frühzeitig aus der Schule auszusteigen;
- 10-mal mehr gefährdet, Drogen zu nehmen;
- 9-mal mehr gefährdet, in einer Erziehungsanstalt zu landen;
- 20-mal mehr gefährdet, sich im Gefängnis wiederzufinden;
- 33-mal mehr gefährdet, ernstlich körperlich misshandelt zu werden;
- 73-mal mehr gefährdet, Opfer tödlichen Missbrauchs zu sein."[45]

Horst Petri hat in seinem Buch „Das Drama der Vaterentbehrung" eindrucksvoll belegt, welche Folgen das Aufwachsen ohne Vater hat.[46] Er kann dabei auf eine Vielzahl von wissenschaftlichen Untersuchungen aller Fachrichtungen verweisen. „Der Einfluss der Vaterentbehrung auf die intellektuellen Fähigkeiten lässt sich an Leistungstests, Schulnoten, Berufsabschlüssen und am beruflichen Erfolg überprüfen. In der Forschung besteht weitgehende Übereinstimmung in der Auffassung über die diesbezüglich negative Wirkung der Vaterdeprivation."[47] Untersuchungen in den USA, Schweden,

Japan, China und Korea[48] bestätigen Petri: „Wenn der Vater viel zu Hause ist und voll an der Erziehung teilnimmt, also sie auch zeitweise alleine bestreitet, erzielen Kinder einen deutlich höheren Intelligenzquotienten und sind glücklicher."[49] „Insgesamt legen die Forschungsergebnisse nahe, dass die Verfügbarkeit eines männlichen Rollenmodells in der häuslichen Umgebung von grundlegender Bedeutung für die Entwicklung spezifischer kognitiver Fähigkeiten in der mittleren Kindheit ist und schulischen Erfolg sowie Selbstvertrauen in die eigene Leistungskompetenz prognostizieren lässt."[50]

Schutz vor Misshandlung und Missbrauch

Echte Vaterschaft sorgt auch dafür, dass Kinder vor Misshandlung und sexuellen Übergriffen geschützter sind. Das muss einmal klargestellt werden, da sich die Forschung allzu lange auf den gewalttätigen Vater konzentriert hat und oft der Eindruck erweckt wurde, als seien Väter aufgrund ihrer Männlichkeit für die Kinder per se gefährlich und wesentlich gefährlicher als Mütter. Denn diejenigen, die die Kinder missbrauchen, sind statistisch gesehen in den seltensten Fällen die leiblichen Väter, schon gar nicht die, die an der Pflege und Erziehung persönlich stark beteiligt sind, sondern wenn überhaupt leibliche Väter, dann solche mit starker Distanz zu ihren Kindern oder mit gravierenden psychischen Problemen (z. B. Suchtproblemen), statistisch viel häufiger aber geschiedene Väter, Väter ohne Sorgerecht, Stiefväter oder der neue Freund der Mutter, der im Haushalt mitlebt, insbesondere je weniger sie tatsächlich mit den Kindern zu tun haben.[51] In dem führenden Forschungswerk zu diesem Thema heißt es: „Es kommt selten vor, dass ein Vater ein Kind misshandelt, mit dem er in dessen früher Kindheit eine enge Bindung entwickelt hat. Auf der anderen Seite weist ein Vater, der nicht eine starke elterliche Bindung ausgebildet hat, eine größere Wahrscheinlichkeit auf, sein Kind zu misshandeln oder passiv anderen den Missbrauch des Kindes zu erlauben."[52]

Auch schützt Vaterschaft das Kind vor Übergriffen durch andere: „Positives Engagement des Vaters ist ein großer Vorteil, sowohl für Söhne als auch für Töchter. Wirkungsvolle Vaterschaft kann helfen, das Kind vor Misshandlung und vor unangemessener Bemutterung zu schützen, sowohl indem sie direkt zum emotionalen Wohlbefinden der Mutter beiträgt, als auch indem sie das Maß an Stress der Mütter durch Teilen der elterlichen Verantwortlichkeiten senkt. Mütter in Familien, in denen der Vater sich stark engagiert, greifen mit geringerer Wahrscheinlichkeit auf harte Strafen zurück, sind weniger restriktiv oder überfürsorglich. Das Kind mit einem guten Vater hat mit größerer Wahrscheinlichkeit die Sicherheit und das Durchsetzungsvermögen, unangebrachter Manipulation und Misshandlung seitens anderer Familienglieder zu widerstehen. Wirkungsvolle Vaterschaft kann auch die Wahrscheinlichkeit verringern, dass das Kind von Nichtfamiliengliedern misshandelt wird. Das Kind mit zwei effektiven Elternteilen weist eine geringere Wahrscheinlichkeit auf, anfällig für Manipulation und Missbrauch durch Nachbarn, Lehrer oder Fremde zu sein. Verglichen mit denen, denen der Vater fehlt, hat ein solches Kind wahrscheinlich einen besser entwickelten Sinn für Durchsetzungsvermögen und Unabhängigkeit ... Außerdem ist ein solches Kind wahrscheinlich emotional sicher und fähig, den Eltern mögliche Probleme mitzuteilen. Wegen ihres Durstes nach Liebe und Anerkennung weisen Kinder, die keinen engagierten Vater haben, eine größere Wahrscheinlichkeit auf, für unangebrachte Annäherungsversuche von Nichtfamiliengliedern verwundbar zu sein."[53] „Familien mit nur einem Elternteil stellen ein besonderes Risiko der Kindesmisshandlung dar. Der tägliche Druck und Stress auf den alleinstehenden Elternteil erhöht die Wahrscheinlichkeit von Kindesmisshandlung (und auch die der Misshandlung des Elternteils durch das Kind)."[54]

Kindesmisshandlung soll hier beileibe nicht verharmlost werden,[55] aber es gilt: *Die Schutzfunktion des Vaters vor Ge-*

walt und Missbrauch muss wieder ganz neu gegen die mediale
Stimme, Väter seien gefährlich, betont werden.

Väter und das Geschlecht ihrer Kinder

Viele Untersuchungen haben ergeben, dass der Vater auch eine zentrale Rolle dabei spielt, dass Kinder eine gesunde Selbstidentifizierung mit ihrem männlichen oder weiblichen Geschlecht herausbilden. „Die Qualität der frühen Bindung an die Eltern ist ein wichtiger Faktor in der Entwicklung der Geschlechterrolle und des Charakters beim Kleinkind. Die ersten zwei bis drei Lebensjahre können für die Bildung einer individuellen Geschlechtsidentität entscheidend sein. Die frühe Entbehrung des Vaters kann das Erreichen einer sicheren Geschlechtsidentität besonders für Jungen gefährden. Die Abwesenheit des Vaters und andere Formen väterlicher Unzulänglichkeit vor dem Alter von vier oder fünf Jahren kann die frühe Entwicklung zur Männlichkeit verzögern. Auch wenn die Entwicklung der Geschlechterrolle bei Mädchen nicht so direkt von der Entbehrung des Vaters betroffen ist, wie das bei Jungen der Fall ist, zieht eine frühe Geschichte von väterlicher Unzulänglichkeit oft Schwierigkeiten nach sich, die sie als Frauen später im Kontakt mit Männern während der Jugend- und Erwachsenenzeit haben.

Funktionierende Geschlechterrollen sind für Kleinkinder aufgrund ihres Einflusses in der Anfangsphase auf die Identität und das Selbstbild des Kindes sehr wichtig. Positives Engagement des Vaters hilft, einen gesunden Start für die Entwicklung von Selbstachtung zu geben, wohingegen Gleichgültigkeit oder Misshandlung durch den Vater das Kind im späteren Leben besonders verwundbar für verschiedene Arten von geschlechtsbezogenen Schwierigkeiten machen. Im Hinblick auf die umfassende psychische Anpassung sind eine solide Geschlechteridentität und eine zufriedene Akzeptierung der eigenen Sexualität am wichtigsten, nicht das Ausmaß einer oberflächlichen Männlichkeit oder Weiblichkeit."[56]

Sexuelle Promiskuität unter Kindern oder die Zahl von Teenagerschwangerschaften ist ohne fürsorglichen Vater statistisch wesentlich höher, ebenso die Zahl der Kinder, die hochgradige Schwierigkeiten mit ihrem eigenen Geschlecht haben.[57]

Väter und Töchter

Für Töchter ist der Vater bekanntlich die erste große Liebe. Deswegen kann niemand der Tochter die Liebe zu Männern ein Leben lang so versalzen wie der Vater und niemand die Tochter so positiv auf eine der schönsten Seiten des Lebens vorbereiten wie der Vater.

Viele Frauen heiraten einen Mann, der ihrem Vater verblüffend ähnlich ist, im Guten wie im Schlechten. Mädchen heiraten oft Alkoholiker, wenn ihr Vater damit Probleme hatte, selbst wenn sie Alkoholismus verabscheuen. Ein Vater, der andere Menschen achtet und liebt, hat große Chancen, dass seine Tochter als Partner wieder jemanden wählt, der sie liebt und achtet, und nicht jemanden, der ihr Leben zerstört oder belastet. Cordes schreibt: „Die Abwesenheit väterlicher Liebe hat ernsthafte negative Folgen für Töchter, und diese negativen Folgen zeigen sich wohl besonders klar in der Beziehung zu anderen Mitgliedern des männlichen Geschlechts."[58] Dies gilt etwa für Ess-Störungen ebenso wie für Depressionen.

Dazu kommt: „Väter bestimmen viel mehr als Mütter, was es bedeutet, ein ‚Mädchen' zu sein und ob sie sich wohl fühlt in ihrer eigenen weiblichen Haut."[59] „Untersuchungen … haben … ergeben, dass sozialemotionale Störungen vaterlos erzogener Mädchen sich in zweifacher Weise äußern können, einmal in einer gewissen Ängstlichkeit, Schüchternheit und Unsicherheit gegenüber männlichen Geschlechtspartnern oder in einer Tendenz zur Promiskuität und zu unangepasstem distanzlosem Verhalten im Umgang mit gleichaltrigen Jungen und männlichen Erwachsenen."[60]

Ratschläge für Väter

- Machen Sie Ihren Kindern Vorfreude auf Vaterschaft und Mutterschaft. Sprechen Sie positiv über echte Väter und Mütter (etwa Ihre eigenen Eltern oder Eltern, die Ihre Kinder kennen).
- Reden Sie sehr früh mit Ihren Kindern über Rauchen, Alkohol, Sex, Gewalt und alles, worüber man gerne nicht redet. Sobald Ihr Kind so etwas beobachten kann, ist es Zeit, es ihm zu erklären! Wenn Sie es nicht tun, wird es ein anderer tun. Seien Sie möglichst immer der Erste, selbst wenn Sie meinen, das sei zu früh!
- Sprechen Sie über den Druck der Gleichaltrigen in Bezug auf Sexualität und andere Fragen, und ermutigen Sie Ihre Kinder zur Eigenständigkeit.
- Machen Sie Ihren Kindern deutlich, dass es mit Sexualität und Partnerbeziehungen ähnlich wie mit Schule und Ausbildung ist: Wer kurzfristig denkt, hat jetzt scheinbar viel Spaß und später viele Probleme, wer langfristig denkt, investiert und verzichtet jetzt und hat dafür langfristig Vorteile und Lebensglück.
- Helfen Sie Ihren Kindern ständig, sich kürzere und längerfristige Ziele zu setzen. Woran sonst sollen sie sich orientieren?

Ratschläge für Väter mit Töchtern

- Sagen Sie Ihrer Tochter, dass sie die Tochter ist, von der Sie immer geträumt haben. Und nehmen Sie sie immer und immer wieder in den Arm.
- Sagen Sie Ihrer Tochter immer wieder, dass Sie sie lieben, dass Sie sie schön finden, aber auch, dass ihre wahre Schönheit ihre inneren Werte und ihre Gaben und Fähigkeiten sind.

- Bringen Sie Ihrer Tochter Selbstachtung bei. Fördern Sie sie in allen ihren Fähigkeiten, auch in denen, die Sie überraschen oder die andere nicht verstehen.
- Sie prägen Ihre Tochter mit allem, was Sie tun und nicht tun, sind und nicht sind. Sorgen Sie dafür, dass Ihre Tochter Mannsein nicht als mürrisch, überheblich, aggressiv und unbeherrscht ansieht und später damit verbindet, sondern mit Barmherzigkeit, Opferbereitschaft, Mut, Treue und Konsequenz.
- Erzählen Sie Ihrer Tochter, was Männer meist schlechter können und wann es weise ist, dass Männer auf Frauen hören.
- Wahren Sie immer die Intimsphäre Ihrer Tochter!

Ratschläge für Väter mit Söhnen

- Umarmen Sie Ihren Sohn morgens zur Begrüßung – ebenso wenn er nach Hause kommt. Selbst 18-jährige werden gerne in den Arm genommen, auch wenn sie das immer abstreiten würden.
- Hilfsbereitschaft, Mut, Zuverlässigkeit und Ehrlichkeit als gute männliche Eigenschaften lernt Ihr Sohn von Ihrem Vorbild, oder er lernt es wahrscheinlich gar nicht.
- Sagen Sie Ihrem Sohn, dass Frauen Sie oft verlegen machen, und erzählen Sie ihm von Ihren Gefühlen, gleich ob er auch über seine reden möchte oder nicht.
- Erklären Sie Ihrem Sohn, welche verheerenden Folgen (sexuelle) Untreue für andere und für einen selbst haben.

Triangulierung – durch den Vater unabhängig von der Mutter

Kinder brauchen Mütter und Väter. Gerade wegen ihrer engeren Bindung an ihre Mutter, die aus der Zeit von Schwangerschaft, Geburt und Stillphase stammen, brauchen sie den Vater, um unabhängig zu werden. Ist das Kind mit den Eltern zu dritt (lateinisch *trias*, davon Triangulierung), kann das Kind zu einem Elternteil auf gesunde Distanz gehen, ohne die Sicherheit und Geborgenheit zu verlieren.

Wer kennt das nicht, dass die heranwachsenden Kinder oft von einem Elternteil zum anderen pendeln. Während sie den einen mit Schmusen, Geschenken und Komplimenten überschütten, loten sie aus, wie stark sie zum anderen auf Distanz gehen können. Wir alle brauchen das Selbstbewusstsein als Individuum ebenso wie den Gemeinschaftssinn, die Fähigkeit, uns an andere anzupassen, ebenso wie die Fähigkeit, selbstständig Nein zu sagen. Wir müssen eben lernen: „Liebe deinen Nächsten wie dich selbst."

„Wenn das Kind sich von der Mutter abwenden will, aber niemand da ist, der es auffängt, bleibt es in der Umklammerung gefangen. Instinktiv fühlt sich das Kind bedroht. Mißtrauen nistet sich ein. Und dieses Misstrauen kann die ganze Persönlichkeitsentwicklung bestimmen; es kann zu einem verheerenden Störfaktor werden, der schließlich sogar den Charakter eines Menschen prägt."[61] Die moderne Psychologie spricht insbesondere für das Kind zwischen dem 1. und 3. Lebensjahr von der „Triangulierungsphase". Das Kind schwankt zwischen dem Willen zur Selbstständigkeit (Autonomie) und der Rückkehr zur Einheit mit der Mutter hin und her. Hier spielt der Vater eine zentrale Rolle: Das Kind kann sich von der Mutter lösen, ohne seine Sicherheit aufzugeben.

In den Armen des Vaters kann es auf die notwendig werdende Distanz zur Mutter gehen. „Mutter und Kind brauchen einen präsenten Vater. Er schützt das Kind vor schweren Verlassensängsten und hilft, die Symbiosewünsche mit der Mutter aufzugeben." Und daneben gilt ebenso: „Die Mutter kann das Kind eher in seinen Autonomiewünschen unterstützen und freigeben, wenn sie sich vom Vater geliebt und bestätigt fühlt."[62]

Petri schreibt dazu: „Im Zusammenhang mit der Triangulierung wird häufig von einer ‚Pufferfunktion' des Vaters gesprochen, die dem Kind die Überwindung seiner Trennungsangst und Ambivalenz erleichtert und dadurch die Ablösung von der Mutter beschleunigt. Entscheidend kommt hinzu, dass das Kind in der Dreieckskonstellation zwei voneinander getrennte Liebesobjekte zur Verfügung hat, die Mutter und den Vater. Sie bieten zwei verschiedene Identifizierungsmöglichkeiten an, eine weibliche und eine männliche. Dadurch wird der Reifungsprozess des Kindes entscheidend vorangetrieben."[63]

Kinder „gehören" auch den Vätern

Kinder brauchen beide Eltern. Kinder „gehören" beiden Eltern. Wer dabei das Wort „gehören" zu Recht ungern verwendet, und lieber davon spricht, dass sie uns Eltern „anvertraut" sind, für den gilt eben: Kinder sind beiden Eltern gleichermaßen anvertraut.

Das bedeutet auch, dass der Umstand, dass der Vater biologisch bei Zeugung, Schwangerschaft, Geburt und Stillphase wesentlich weniger aktiv ist, nicht bedeuten darf, dass er weniger Rechte oder Pflichten an dem Kind hat.

Die Aussage „Mein Bauch gehört mir" ist nicht nur eine inhumane Äußerung gegenüber dem Kind im Mutterleib, sondern auch gegenüber dem Vater. Nein, der Bauch mit dem Kind „gehört" nicht der Mutter, er ist ihr anvertraut, um Leben zu schützen, zu fördern und zur Selbstständigkeit zu entwickeln – und das immer mit dem zusammen, der dieses Leben in und mit ihr gezeugt hat und es als Geschenk aus der Hand der Mutter empfängt.

Erweist sich eine Mutter oder ein Vater als unwürdig, weil sie dem anvertrauten Leben des Kindes schaden, darf eingeschritten werden, aber ansonsten tragen beide die volle Verantwortung, gleich wie hoch ihr biologischer Beitrag war.

Männer sind anders, Väter erziehen anders

Kinder brauchen Väter genauso wie Mütter, aber sie brauchen ihren Vater nicht als zweite Mutter und auch nicht einfach nur als zweite Bezugsperson, sondern gerade in seinem Anderssein. Kinder wollen vom Vater nicht noch mehr „bemuttert" werden, sondern haben andere Erwartungen an ihren Vater, wie es der französische Psychologieprofessor und vielleicht bedeutendste Kindheitsforscher Jean Le Camus in zwei Bestsellern detailliert belegt hat. [64] Der führende deutsche Vaterforscher Fthenakis kommt deswegen zu dem Schluss: „Mit ihren jeweiligen Ressourcen leisten Vater und Mutter einen unterschiedlichen, doch gleichermaßen wichtigen Beitrag für die Entwicklung ihrer Kinder."[65] Deswegen gilt: „Väter zu gewinnen, sich stärker für die Belange der Kinder und der Familie zu interessieren, wird nicht gelingen, solange Vaterschaft gleichsam als eine Kopie von Mutterschaft verstanden wird."[66]

Kyle D. Pruett schreibt: „Väter bemuttern nicht... Im Alter von sechs Wochen können Säuglinge den Unterschied zwischen der Stimme ihrer Mutter und der ihres Vaters wahrnehmen. Mit acht Wochen können sie mit den komplexen Unterschieden im Stil von Fürsorge und Umgang bei Mutter und Vater rechnen.... Und das ist nur der Anfang. Kinder sprechen oft ihr Wort (oder ihr Geräusch) für ‚Vater' früher aus als das für ‚Mutter', und niemand weiß wirklich, warum. Liegt das daran, dass die Mutter und das Kind sich so nahe sind, dass die Mutter keinen Namen braucht, während die etwas weiter entfernte Größe ‚Vater' einen braucht? Im Alter, in dem die Kinder laufen und sprechen können, spüren sie ihren Vater eigenständig auf."[67] „Die Bindung zum Vater ist keinesfalls weniger intensiv als die zur Mutter. Wahrscheinlich ist allerdings die Basis der Beziehung bei Müttern und Vätern verschieden; denn beide interagieren unterschiedlich mit dem Baby. Väter nehmen Babys weit häufiger in den Arm, um zu spielen und zu toben, während Mütter sie häufiger zum Füttern, Wickeln, Trösten und Schmusen aufnehmen oder um sie von unerwünschten Aktivitäten fern zu halten. Diese Unterschiede legen die Vermutung nahe, dass die Mutter-Kind- und die Vater-Kind-Bindung verschiedenen Funktionen dienen: Die Mutter dient als Quelle von Ruhe, Geborgenheit und Sicherheit, wenn das Baby beunruhigt und gestresst ist. Das Verhalten des Vaters mag dem Baby zeigen, wie es mit der sozialen Umwelt umgeht."[68] „Diverse Studien haben ergeben, dass Frauen vor allem die innere Gefühlswelt der Kinder regulieren, dass etwa ihr Umgang mit den negativen Emotionen des Kindes (Traurigkeit, Angst) hoch relevant für dessen zukünftiges Sozialverhalten ist. Männer steuern dagegen eher den ‚explorativen' Aspekt der Entwicklung, den ‚Weltbezug', also all das, was Kinder fit macht, mit den Anforderungen der Umwelt zurechtzukommen. Väter sind gewiefte Experten darin, eben diese Neugier und den Durchhaltewillen ihrer Kinder zu fördern. Sie ermutigen sie eher als Mütter, Ungewohntes auszuprobieren, muten ihnen mehr zu. Väter heben ein Kind wieder auf ein Fahrrad, nachdem es gestürzt ist; sie benutzen bei Kleinkindern längere Sätze, kompliziertere Worte und weniger rhythmische Satzmelodien … Sie lehren die Kleinen hartnäckiger, Frustrationen beim Lernen auszuhalten."[69] „Familienforscher haben herausgefunden: Die Wichtigkeit der Mutter bei der Kindererziehung wird reichlich überschätzt. Ohne Väter ist kein Nachwuchs richtig fit fürs Leben." An der Universität Regensburg fand man heraus: „Die Feinfühligkeit des Vaters beim Spiel, etwa mit Zweijährigen, korreliert extrem stark und eindeutig mit dem Bindungsverhalten der Kinder noch im untersuchten Alter von 16 und 22 Jahren. Je sensibler der Vater das Kleinkind behandelt, desto sicherer geht der junge Erwachsene mit emotionalen Bindungen um. Mehr noch: Als Erwachsene reproduzieren die Kinder in ihren Beziehungen ziemlich genau jenes Verhalten, das die Väter ihnen gegenüber im Spiel gezeigt haben. Ist der Papa dem Kind gegenüber geduldig, aufmerksam und zugewandt, so sind es 22-Jährige ihren Partnern gegenüber auch; sie vertrauen ihnen mehr, sind offener, emotional erfüllter und wenden sich öfter an Mitmenschen um Hilfe und Zuspruch. Kinder von unsensiblen Vätern haben dagegen weit mehr Probleme in Partnerschaften, sind zugeknöpfter, misstrauischer."[70]

Wählen wir zwei bereits erwähnte klassische Beispiele für den unterschiedlichen Erziehungsstil von Vätern und Müttern. Zum Ersten: *die Sprache*. Mütter sprechen mit ihren Kindern eher eine kindliche Sprache mit großem Einfühlungsvermögen. Väter reden stärker einfach drauflos, verwenden mehr unbekannte und unvertraute Wörter. Aber das wird heute nicht mehr nur negativ verstanden. Während die Mutter eher das Verstehen fördert und Sprache als Mittel warmer Beziehungen vermittelt, spornt der Vater das Kind zum Lernen, Nachdenken und Über-sich-hinaus-Wachsen an. Sprache ist hier stärker ein Mittel zur Einordnung der Umwelt. Beides ist für das Kind gleich wichtig, aber man kann das eine nicht durch das andere ersetzen und sollte sich gegenseitig wegen der Unterschiedlichkeit ebensowenig ein schlechtes Gewissen machen wie wegen Dingen, die man gemeinsam hat und kann oder wo scheinbar vertauschte Rollen im konkreten Fall des Paares vorliegen.

Der Unterschied setzt sich bis in die Pubertät fort. „Was die Kommunikation zwischen Jugendlichen und ihren Eltern betrifft, ist der verbale Austausch mit der Mutter zwar in der Regel extensiver, das Gespräch mit dem Vater wird jedoch häufig als befriedigender und effektiver wahrgenommen, insbesondere was die Diskussion über verschiedene sachliche Themenbereiche und Ansätze zur Lösung von Problemen betrifft. Bei persönlichen und emotionalen Problemen werden hingegen, vor allem von Töchtern, eher Aussprache, Beistand und Rat der Mutter gesucht. Im Gespräch mit der Mutter zeigen zudem Jugendliche beiderlei Geschlechts mehr Intimität. Insbesondere Mädchen erleben ihre Kommunikation mit ihrem Vater betreffend den Gefühls- und Beziehungsbereich als weniger befriedigend als den verbalen Austausch mit der Mutter."[71]

Zum Zweiten: *Pflege und Spiel mit Risiko:*[72] Mütter sind überwiegend pflegerisch mit ihren Kindern tätig und sind sehr auf ihr Wohlergehen bedacht. Väter spielen mehr körperlich mit ihren Kindern, spielen mehr Spiele mit Regeln, lehren spielerisch, sich einzuordnen. Dabei sind die Väter viel stärker zum Risiko bereit und fordern das Kind zu Dingen heraus, zu denen es eigentlich noch gar nicht in der Lage ist. Väter füttern auch anders, meist auf spielerische Art und Weise.

Wer kennt solche Beispiele nicht? Zwei Väter werfen sich ein Kleinkind zu, das jauchzt, während die Mutter entsetzt danebensteht. Und wer kennt solche Diskussion zwischen Eltern nicht: Die Mutter ist – oft zu lange – um die Sicherheit ihrer Kinder besorgt, der Vater dagegen lässt Kindern gerne die lange, selbstständige und risikoreichere Leine – oft zu früh. Beides ist wichtig, sowohl für das Kind, das so Geborgenheit und Sicherheit ebenso empfängt wie Selbstbewusstsein und Erwachsenwerden. Aber auch die konkreten, aus solchen Diskussionen geborenen Entscheidungen sind meist für das Kind angemessener als die Sicht der Mutter oder des Vaters alleine.

Das hat nichts mit alten Klischees zu tun, sondern ist die praktische Erfahrung vieler Eltern, die wissenschaftliche Untersuchungen bestätigen: Wenn Kinder etwas Riskantes vorhaben, fragen sie viel häufiger den Vater. Sind sie verletzt oder haben sie Angst, gehen sie viel häufiger zur Mutter. Moderne Bindungsforscher sehen die Rolle des Vaters als Herausforderer, Mentor und Beschützer der Selbstständigkeit.[73]

Ja, auch „Beschützer", denn welche Frau wollte im entscheidenden Moment nicht, dass sich ihr Mann vor sie und ihre Kinder stellt und Mut beweist? Es geht nicht um das *John-Wayne-Syndrom*, den einsamen Wolf, der ohne Rücksicht auf Frau und Familie und andere Beziehungen mit Gewalt der Gerechtigkeit dient, sondern um den mutigen Mann, der aus Liebe zu seiner Familie auch seine Gesundheit riskiert.

Inge Seiffke-Krenke fasst die Forschungsergebnisse zusammen:[74] Mütter beschäftigen sich mit Babys eher pflegerisch (z. B. Baden, Windelwechsel), während Väter zu Imitationsspielen neigen. Sie stimulieren die Kleinen mit Geräuschen oder optischen Reizen. Später stimulieren sie die Heranwachsenden mit Bewegung und Sport und fördern so insbesondere bei Söhnen die Autonomie und das geschlechtsspezifische Rollenverhalten ... Nach der Pubertät bleiben sie wichtiger Ansprechpartner vor allem in schulischen und beruflichen Fragen sowie für politische Themen.

All das soll natürlich niemanden in eine Rolle drängen oder ihm gar verbieten, das vorgebliche Verhalten des anderen Geschlechts an den Tag zu legen, sondern gerade Mut machen, auch die eigene geschlechtliche Identität auszuleben und selbstbewusst und fröhlich einzubringen. Jeder Vater ist wieder anders Vater, und er soll Vater weder wie seine Partnerin sein noch wie sein Nachbar Vater ist oder die Medien es von ihm erwarten. „Ich will nicht sagen, dass Väter und Mütter genau dieselbe Menge an individueller Zeit mit ihren Kindern verbringen müssen. Wie die Eltern die Verantwortlichkeiten in der Kindererziehung aufteilen, hängt von ihren besonderen Vorlieben und den familiären Umständen ab. Wichtig ist jedoch, dass das Ehepaar eine kooperative Partnerschaft pflegt und dass das Kind ein positives emotionales Engagement bei beiden Elternteilen wahrnimmt. Das Kind braucht die Gelegenheit zur Entwicklung einer hochqualitativen individuellen Beziehung sowohl mit dem Vater als auch mit der Mutter."[75]

Exkurs aus christlicher Sicht:
Beten lehren und Werte vermitteln

Wenn Kinder zu Hause das regelmäßige Beten lernen, dann meist von ihren Müttern. Ein Leben lang beten sie aber meist, wenn ihr Vater auch regelmäßig gebetet hat und ihnen in seiner Abhängigkeit von Gott ein Vorbild war. Wenn die Bibel Väter auffordert, mit ihren Kindern über Gott zu sprechen, und Väter das tun, wird den Kindern meist erst deutlich, dass Glaube auch etwas für den rauen Alltag ist.

Das Institut der deutschen Wirtschaft hat festgestellt: Wer mehrmals die Woche betet, hat eine Reproduktionsrate von 1,9 Kindern, Nichtbeter dagegen nur eine von 1,3. Scheidungen sind bei Betern seltener, Zeit für Ehe und Familie ist dagegen viel mehr vorhanden. Abhängigkeit von Gott macht kinderlieb.

Eine wichtige Aufforderung der Bibel gilt auch für die Erziehung: „Wenn jemand von euch Weisheit fehlt, so bitte er Gott, der jedermann gerne gibt und niemanden ausschimpft, so wird sie ihm gegeben werden." (Jakobus 1,5). Kinder dürfen ruhig mitbekommen, dass Eltern oft nicht weiterwissen und Gott um Hilfe und andere um Rat bitten.

Zudem haben wir immer wieder festgestellt, dass Kinder ihre Werte ein Leben lang sehr stark an den Werten ihres Vaters ausrichten. Deshalb ist es wichtig, dass Väter ihre Werte Kindern vorleben und oft an konkreten Beispielen erläutern.

Erziehen mit und zu Werten

1. *Werte werden vermittelt durch Vertrauen:* „Du aber bleibe bei dem, was du gelernt hast und was dir anvertraut ist; du weißt ja, von wem du gelernt hast und dass du von Kind auf die heilige Schrift kennst, die dich unterweisen kann zur Seligkeit durch den Glauben an Christus Jesus. Denn alle Schrift, von Gott

eingegeben, ist nütze zur Lehre, zur Zurechtweisung, zur Besserung, zur Erziehung in der Gerechtigkeit, damit der Mensch Gottes vollkommen ist, zu jedem guten Werk ausgebildet." (2. Timotheus 3,14-17)

2. *Werte werden vermittelt durch Vorbild:*[76] „nicht als Herren ..., sondern als Vorbilder der Herde" (1. Petrus 5,3).

3. *Werte werden eingeübt durch Regeln* und

4. *Für Wertevermittlung braucht man Zeit:* „Und du sollst den Herrn, deinen Gott, liebhaben von ganzem Herzen, von ganzer Seele und mit all deiner Kraft. Und diese Worte, die ich dir heute gebiete, sollst du zu Herzen nehmen und sollst sie deinen Kindern einschärfen und davon reden, wenn du in deinem Hause sitzt oder unterwegs bist, wenn du dich niederlegst oder aufstehst." (5. Mose 6,5-7).

5. *Werte werden vermittelt im Austragen von Konflikten:* „Darum legt die Lüge ab und redet die Wahrheit, ein jeder mit seinem Nächsten, weil wir untereinander Glieder sind. Zürnt ihr, so sündigt nicht; lasst die Sonne nicht über eurem Zorn untergehen, und gebt nicht Raum dem Teufel." (Epheser 4,25-27).

Ratschläge für Väter, die Kinder „bevatern" wollen

- Versuchen Sie nicht, ihre Kinder zu „bemuttern", sondern bringen Sie selbstbewusst das in die Familie und für Ihre Kinder ein, was Ihnen als Mann entspricht. Dabei geht es natürlich nicht darum, was *der* Mann oder *die* Frau tun würden, sondern welche Stärken und Schwächen Sie als jeweiliges Paar einbringen.

- Haben Sie Vertrauen in den „gesunden Menschenverstand" und ein gesundes Misstrauen gegenüber allzu vielen Ratschlägen der Wissenschaft und der Medien. Finden Sie zusammen mit Ihrer Partnerin Ihren besonderen Vaterstil für viele Jahre, und schielen Sie nicht zu sehr auf das, was ständig wechselnd von Ihrer Umwelt oder den Medien von Ihnen erwartet wird. „Kinder brauchen keine Eltern, die die neuesten erziehungswissenschaftlichen und psychologischen Theorien studiert haben und nun an deren Zielen ausgerichtete Techniken einsetzen. Stattdessen sind Dialoghaftigkeit und Verständnis gefordert."[77]
- Hören Sie und reden Sie so viel wie möglich mit Ihren Kindern. Schaffen Sie Gelegenheiten dazu (z. B. einen Tag mit jeweils einem Kind verreisen).
- Kinder reden mit Vätern anders und nutzen sie gerne als Ratgeber und wandelndes Lexikon. Nehmen Sie sich bewusst Zeit dafür, auch wenn offiziell kein Problem ansteht. Gehen Sie mit Ihrem Sohn in ein Café und fragen Sie ihn, was er Sie mal ganz allgemein fragen möchte. Lassen Sie sich von Ihrer Tochter erzählen, was sie über ihre Klassenkameraden denkt.
- Seien Sie jederzeit für Ihre Kinder da, aber noch wichtiger: Seien Sie da, wenn es Ihren Kindern wichtig ist! Ob Kinder oder andere Menschen oder der Beruf Vorrang haben, macht sich nicht immer daran fest, ob sie zeitlich Vorrang haben. Aber Kinder haben ein feines Gespür dafür, ob man eher für andere springt und sie vertröstet oder umgekehrt!

Brainsex

Die unterschiedlichen Erziehungsstile von Vätern und Müttern haben natürlich auch etwas mit dem Unterschied von Männern und Frauen zu tun. Ohne die enorme Spannbreite innerhalb der Geschlechter und die Überschneidungen der Geschlechter zu ignorieren und auch ohne alte Klischees vergangener Jahrhunderte kultivieren zu wollen, sind alle Versuche, die Unterschiede zwischen Mann und Frau als rein erziehungsbedingt zu erklären, ins Leere gelaufen.

Zahlreiche Untersuchungen bei „modernen" Paaren und ihren Kindern, bei denen Mann und Frau gleichberechtigt sind und die Mutter berufstätig, haben etwa gezeigt, dass sich auch bei ihnen sehr schnell traditionelle Aufteilungen der Erziehungsaufgaben oder des Haushalts (auch bei zeitlich gleichem Aufwand) ergeben. Mann und Frau bleiben unterschiedlich, auch wenn Politik oder Wissenschaft per Definition etwas anderes erklären.

Anne Moir und David Jessel haben stellvertretend für viele andere Forscher in ihrem Buch „Brainsex: Der wahre Unterschied zwischen Mann und Frau" dargestellt, dass die Unterschiede von Mann und Frau bereits in unserem Gehirn deutlich werden.[78] Vom Verlag wird der Inhalt des Buches so beschrieben: „Die Unterschiede zwischen Mann und Frau sind gewaltiger, als wir vermuten, da ihre Gehirne, und damit ihre geistigen Kapazitäten, sich diametral [= gegensätzlich] unterscheiden. Das liegt jedoch nicht an der Gesellschaft oder der Erziehung, sondern ist allein durch physiologische Entwicklungen im Mutterleib bedingt. Die Autoren weisen nach, daß Männer zum Beispiel auf dem Gebiet des logischen Denkens, der Erfassung mathematischer Zusammenhänge oder der Orientierung in einem geographischen Raum Frauen überlegen sind, während diese einen klaren Vorsprung bei Intuition und Emotion haben. Auch der Umgang mit Sprache fällt Frauen leichter als Männern, weil das Sprachzentrum im männlichen Gehirn in der linken Gehirnhälfte angesiedelt ist, während es sich bei Frauen über beide Gehirnhälften erstreckt. Es geht den Autoren keineswegs darum, frauenfeindliche Thesen aufzustellen oder Errungenschaften der Emanzipationsbewegung zunichte zu machen. Sie wollen vielmehr durch wissenschaftlich exakt beweisbare Tatsachen den Weg zu einem neuen Rollenverständnis öffnen, in dem jeder seine Fähigkeiten erkennt, um sie in einer Verbindung, dem Berufsleben oder in der Gesellschaft sinnvoll einbringen zu können."[79]

Es ist hier nicht der Platz, im Einzelnen auf diese Unterschiede einzugehen, und es geht auch nicht darum, jemanden in eine Rolle zu zwängen und etwa der mathematisch begabten Tochter zu vermitteln, das sei unweiblich. Aber es geht gerade darum, sich nicht von außen zu etwas zwingen zu lassen, was man nicht ist. Ein Mensch wird nicht glücklich werden, wenn er sozial, gesellschaftlich und politisch dauernd in eine Rolle gezwungen wird, für die er nicht geschaffen ist und die er nicht authentisch und ehrlich ausfüllen kann.

Die Bedeutung der Ehe für die Vaterschaft

Aufgrund von Untersuchungen findet sich eine gelungene Vater-Kind-Beziehung am häufigsten dort, wo eine harmonische Langzeitbeziehung zwischen den Eltern besteht.[80] Dabei stehen Qualität der Paarbeziehung und Qualität des Verhältnisses zu den Kindern in engem Zusammenhang. „Die Fähigkeit des Ehemannes/Vaters, sich um die Kinder zu kümmern und sensibel zu sein, ist ein Schlüsselfaktor sowohl für eine befriedigende Ehe als auch für erfolgreiche Beziehungen zwischen Eltern und Kind. Besondere Anerkennung muss den besonderen Wegen gegeben werden, auf denen Vater und Mutter die elterlichen Pflichten teilen und die Entwicklung ihres Kindes verbessern können. Wie Eltern die Arbeit in der Familie aufteilen, hängt von ihren besonderen Umständen ab; es ist jedoch entscheidend, dass Kinder einen beständigen Sinn von emotionalem Engagement sowohl seitens ihres Vaters als auch ihrer Mutter wahrnehmen."[81]

Deswegen sprechen Erziehungsratgeber längst wieder über „Die Bedeutung einer guten Ehe"[82]. Dort wird etwa vermittelt: Ehepartner sind die Architekten der Familie und entscheiden deswegen darüber, in was für einer emotionalen Umwelt die Kinder leben. Psychisch gesunde Eltern sind gute Vorbilder. Ist die Ehe gut, finden die Kinder Sicherheit und Geborgenheit. Hauptsache ist, dass die Elemente des Familienlebens und die Aufgaben von Vater und Mutter gründlich besprochen und klar vereinbart sind, wie genau, spielt für Ehe und Kinder meist weniger eine Rolle. Die dialoghafte Ehe ist deswegen auch ein Modell für die Kinder, wie man unterschiedliche Auffassungen harmonisiert. Anerkennung der Individualität und Harmonie sind so gleichzeitig möglich.

Mütter brauchen die Unterstützung von Vätern

Zur Bedeutung der Ehe für die Elternschaft gehört auch die gegenseitige Unterstützung und Ermutigung der Partner. „Einige der wichtigsten Forschungsarbeiten bezüglich der Rolle des Vaters im System der Familie betrifft die Wege, auf denen die Anwesenheit des Vaters und die Qualität der Beziehung zwischen Vater und Mutter die Beziehung zwischen Mutter und Kind beeinflussen und vermitteln. Es gibt viele Belege dafür, dass, wenn Väter unterstützen und ermutigen, Mütter kompetenter sind und besser auf ihre Säuglinge und Kleinkinder reagieren. Sogar vor der Geburt des Kindes kann die Anwesenheit eines emotional unterstützenden Ehemannes zu einem Gefühl des Wohlbefindens bei der werdenden Mutter beitragen und die Wahrscheinlichkeit einer relativ problemlosen Schwangerschaft und Geburt sowie einer erfolgreichen Elternschaft erhöhen ..."[83]

Fassen wir einige der Forschungsergebnisse kurz zusammen:

– Mütter zeigen mehr Interesse an der Fürsorge für ihre neugeborenen Babys (inklusive Stillen), wenn sie ein hohes Maß von emotionaler Unterstützung seitens ihrer Ehemänner erhalten. Die Qualität der Beziehung zwischen Ehemann und Ehefrau sagt mehr über den voraussichtlichen Erfolg der Mutter im Umgang mit ihrem Kind aus als irgendein anderer Faktor.

- Mütter sind viel erfolgreicher und gelassener im Setzen von Grenzen und der Überwachung für ihre zwei und drei Jahre alten Kinder, wenn Väter in der Situation anwesend sind. Kinder fügten sich mit größerer Wahrscheinlichkeit den Bitten ihrer Mütter, als das ohne Anwesenheit des Vaters der Fall war, auch wenn der Vater nicht direkt an der Situation beteiligt ist. Wenn Väter ausdrücklich die Bitten der Mütter unterstützen, besteht eine besonders hohe Wahrscheinlichkeit, dass die Kinder sich fügen.... Die Anwesenheit des Vaters verringert die Zahl der mütterlichen Kontrollforderungen und erhöht gleichzeitig den Erfolg der mütterlichen Maßnahmen zur Disziplin und die positive Qualität der mütterlichen Reaktion, wenn die Kinder sich fügen.
- Umgekehrt zeigen auch Väter mehr Freude daran, sich um ihre Säuglinge kümmern, wenn sie Ermutigung und emotionale Unterstützung von ihren Frauen erhalten. Väter mit einer guten ehelichen Beziehung und einer positiven Sicht seitens ihrer Frauen sind mit größerer Wahrscheinlichkeit aktiv im Spiel mit ihren Söhnen im Säuglingsalter engagiert. Väter, die stressreichen Kontakt mit ihren Frauen hatten und sie negativ wahrnahmen, neigen eher dazu, sich nur geringfügig in spielerischen Aktivitäten mit ihren Söhnen im Säuglingsalter zu engagieren.
- Insgesamt gilt: Wer ein positives Familienbild hat, ist ein partnerschaftlicherer, feinfühliger, herausfordernder und weiserer Gefährte seiner Kinder.[84] Und dieses positive Familienbild hat er meist aus seiner eigenen Herkunftsfamilie mitgebracht.

Ratschläge, wie Väter die Mutter unterstützen können

- Erzählen Sie Ihren Kindern, was für eine fantastische Mutter sie haben.
- Hören Sie Ihrer Frau zu und reden Sie so viel wie möglich mit der Mutter Ihrer Kinder, und tun Sie das auch viel, wenn die Kinder dabei sind.
- Zeigen Sie Ihren Kindern, dass ihre Mutter Ihre Nr. 1 ist und erklären Sie ihnen, dass Sie mit „Mama" noch zusammen sein werden, wenn die Kinder schon lange aus dem Haus sind.
- Verlassen Sie sich auf den Rat Ihrer Frau, die oft besser als alle anderen, auch etwa als Ärzte und Lehrer, weiß, was mit den Kindern eigentlich los ist. Fragen Sie Ihre Frau, bei welchen Gelegenheiten Sie unbedingt im Leben der Kinder präsent sein sollten (ich darf zum Beispiel nie bei einer Geburtstagsfeier meiner Tochter fehlen, mein Sohn dagegen würde nie ohne mich einen Computer kaufen). Haben Sie kein schlechtes Gewissen, wenn Ihre Frau Ihre Kinder besser kennt, Frauen lesen nun mal meist Charaktere und Empfindungen leichter und besser als Männer.
- „Kinder lernen das Streiten meist durch Nachahmen."[85] Diskutieren Sie mit Ihrer Frau vorbildlich, also etwa so, dass deutlich wird, dass Menschen unterschiedliche Standpunkte haben, aber diese einer Lösung zuführen, ohne dabei den Respekt voreinander und die Liebe füreinander aufzugeben.
- Sprechen Sie nicht abfällig über Ihren Partner vor anderen und vor den Kindern. Eine andere Meinung zu haben und den anderen als unfähig, dumm, überflüssig oder egoistisch dastehen zu lassen, sind zwei völlig verschiedene Dinge!
- „Viele Väter können sich nicht ausmalen, wie anstrengend die Pflege und Versorgung des Kindes ist. Und viele

Mütter können sich kaum von dem Kind lösen und wissen gar nicht, dass auch ihr Partner das Kind gut versorgen kann."[86] Deswegen sollten Männer ruhig einmal ein Wochenende alleine für die Kinder sorgen und der Mutter so zugleich etwas Entspannung gönnen.

Väter brauchen die Unterstützung der Mutter

Umgekehrt braucht auch der Vater dieselbe Unterstützung der Mutter. „Betrachtet man die förderlichen und hinderlichen Bedingungen für väterliches Engagement, dann fällt die Qualität der Paarbeziehung als wichtiger Einflussfaktor auf. So lassen sich kaum Väter finden, die in einer unglücklichen Paarbeziehung leben und sich stark an der Betreuung und Versorgung des Kindes beteiligen. Dies lässt mehrere Schlüsse zu. Zunächst möchten diejenigen Väter, die sich stark an der Sorge beteiligen, hiermit ihre Partnerin entlasten. Die Beschäftigung mit dem Kind ist also auch motiviert durch die Sorge um die Paarbeziehung. Wichtiger jedoch ist die Funktion der Mutter bei der Anbahnung und Gestaltung der kindbezogenen Aktivitäten des Vaters. Viele Väter bedürfen offenbar der Ermutigung und Anleitung durch ihre Partnerin, um sich stärker mit dem Kind zu beschäftigen. Dies gilt insbesondere für das Säuglings- und Kleinkindalter."[87]

Mütter sollten ihren Männern immer wieder Mut machen, sie zu konkreten Aufgaben auffordern und ihren Kindern vermitteln, wie froh sie sein können, einen Vater zu haben, der wirklich präsent ist und sich einsetzt. „Entscheidender ist ... die Einstellung der Frau. Wenn sie ihrem Mann die Kompetenz abspricht, die Kinder angemessen betreuen zu können, dann rührt der Mann kaum einen Finger. Er kann von seinem eigenen Geschick noch so überzeugt sein – ist seine Frau davon nicht angetan, kommt er nicht zum Zuge. Der US-Experte Ross Parke pointiert: ‚Väter sind exakt so weit involviert, wie die Frau es zulässt.'"[88]

Ratschläge für Frauen, die echte Väter als Männer wollen

- Mütter, wie sorgen Sie dafür, dass Ihr Mann ein guter Vater wird? Vor allem: Vermitteln Sie ihm deutlich, dass Sie wollen, dass er sich einmischt, präsent ist und seine Kinder ihn lieben (können).
- Besprechen Sie gemeinsam immer wieder, was Sie voneinander erwarten und legen Sie Spielregeln fest, damit nicht beide immer ein schlechtes Gewissen haben, weil sie glauben, die Erwartungen des anderen nicht zu erfüllen.
- Fordern Sie Ihren Mann zu konkreten Handlungen und Aufgaben auf (etwa: „Sprich bitte jetzt mit deinem Sohn über das Küssen...") und vermitteln Sie ihm klar, was für Sie oberste Priorität hat. Erwarten Sie nicht, dass er sich schon selbst denken könne, was zu tun ist oder was Sie erwarten; Männer stehen oft auf der Leitung und sind dankbar, wenn sie ein konkretes Problem zum Lösen bekommen.

II. Vaterschaft angesichts moderner Probleme

1. Vaterschaft und Beruf

In Familie investieren wie in Ausbildung und Beruf

Günter F. Gross, Pionier der Managementberatung in Deutschland seit 1953, schrieb sein erfolgreichstes Buch „Beruflich Profi, privat Amateur?" 1989, derzeit erscheint es in der 19. Auflage und ist in neun Sprachen übersetzt. Er spricht im Beruf erfolgreiche Männer an, die zu Hause und in der Familie Versager sind – und sei es nur, weil sie fast nie da sind. Er sieht gerade für Manager und andere Vielarbeiter „Chancen für eine glückliche Ehe" (so der Titel der ersten Hälfte des Buches), wenn sie dieselben Fähigkeiten, die sie für ihre Arbeit einsetzen, auch einmal auf die Familie anwenden. Schonungslos legt er offen, wie sehr die Familie oft nur am Rand mitläuft, der erfolgreiche Manager darunter aber zutiefst leidet. Gross will seinen Lesern einschärfen, dass Lebensqualität das gesamte Leben erfasst, nicht nur die Zeit in der Firma, und dass eine grundsätzliche Gesinnungsänderung nötig, aber auch möglich ist.

Wer Profi im Investieren ist, sollte auch in der Lage sein, zu Hause zu investieren! Wer nicht investiert, gewinnt auch nichts! Und wer Profi ist, weiß auch, dass nicht immer Geld das zu Investierende ist, sondern oft Zeit, Energie, Interesse, Beziehung und Ideen.

Viele Frauen machen heute den Fehler, den sie früher den Männern vorgeworfen haben, nämlich Beruf und Karriere über die Familie und die engsten Freundschaften zu stellen. Eine wirkliche Lösung entsteht erst, wenn Vater und Mutter gemeinsam überlegen, wie sie ihrer Beziehung und ihrer Familie den langfristigen und verinnerlichten Vorrang einräumen und trotzdem ihren beruflichen Wünschen entlang arbeiten können.

Beide Eltern sollten sich insbesondere für die Kleinkindphase, aber auch für Jugendliche in der Pubertät viel Zeit nehmen. Warum muss man im Leben gerade dann alles erreichen, wenn man kleine Kinder hat? Gibt es nicht heute ein großes Vorher und Nachher aufgrund der hohen Lebenserwartung? Sind Teilzeitarbeit und Computerarbeit von zu Hause nicht eine große Chance für die Familie der Gegenwart? Übrigens zeigen genügend Untersuchungen: Wird der Mann zum „Hausmann", kann er Kinder genauso gut versorgen, nur macht er es ein bisschen anders als eine „Hausfrau".[89]

Meine Eltern sind derzeit Mitte 80. Was ihnen geblieben ist, ist, was sie in ihre Familie investiert haben, so wie viele Untersuchungen zeigen, dass alte Menschen mit Familie im Schnitt glücklicher sind und befriedigt auf ihre Lebensleistung zurückschauen. Ihr Berufsleben ist schon lange Geschichte. Ist es da nicht „modern", meinen Kindern angesichts der heutigen Lebenserwartung zu vermitteln, dass Familie wichtiger als der Beruf ist? Familie beginnt für meine Kinder mit ihrer Zeugung und endet mit ihrem Tod. Ihr Beruf beginnt frühestens 20–25 Jahre nach der Zeugung und endet statistisch derzeit 20–25 Jahre vor dem Tod. Und auch in der Zeit dazwischen entscheidet die Lage der Familie nicht allein, aber nach wie vor stärker über ihr Lebensglück als alles andere.

Die Vereinbarkeit von Beruf und Familie bleibt eine ständige Herausforderung. Sie wird heute vor allem von Seiten der Wirtschaft erschwert, die am liebsten nur Singles anstellen würde, allerdings die Leistungsfähigkeit und soziale Kompetenz von Vätern und Müttern durchaus schätzt und „verbrät". Franz-Xaver Kaufmann schreibt: „Selbst wo Rechtsansprüche bestehen, beispielsweise auf Elternurlaub oder Teilzeitarbeit, sind die Verhältnisse außerhalb des öffentlichen Dienstes oft so beschaffen, dass sie sich praktisch nicht durchsetzen lassen – von Männern noch weniger als von Frauen! Es sind ja nicht so sehr die Vorurteile und Willkürlichkeiten einzelner Personen dem hinderlich, sondern strukturelle Eigenarten unseres Wirtschaftssystems, welche keine Rücksicht darauf nehmen, ob Erwerbstätige Elternverantwortung übernehmen oder nicht."[90] „Wir können deshalb von einer strukturellen gesellschaftlichen Rücksichtslosigkeit gegenüber Familien sprechen."[91]

Deswegen ist es erfreulich, dass das Familienministerium mit der Industrie zusammen die bundesweite Initiative „Allianz für die Familie" ins Leben gerufen hat, die inzwischen praktisch in vielen „Lokalen Bündnissen für Familie" zum Ausdruck kommt, wo Firmen und Kommunen familienfreundliche Arbeitsplätze gestalten und „familiengerechte Jobs statt jobgerechte Familien" fordern.[92] „Lätzchen und Krawatte binden"[93] sind möglich, und Vorzeigefirmen wie „Hipp" haben ausgezeichnete Modelle dafür entwickelt und sollten anderen Firmen als Vorbild dienen, aber auch Vätern (und Müttern) Mut machen, Ähnliches an ihrem Arbeitsplatz zu fordern.[94] Die meisten Väter und Eltern haben noch längst nicht ausgereizt, was es alles an zeitlichen, technischen und finanziellen Möglichkeiten gibt, Arbeit flexibler und familienfreundlicher zu gestalten.

Doch zudem wird die Vereinbarkeit noch von falschen Sprachregelungen und gängigen Auffassungen torpediert. Falsch ist etwa: Nur wer „berufstätig" ist, arbeitet. Zwar lautet das vierte der Zehn Gebote, dass man sechs Tage arbeiten soll, aber wo steht, dass das immer für Geld geschehen muss? Es ist genauso falsch, wenn die Arbeit der Mutter nicht anerkannt wird, die für ihre kleinen Kinder ganz zu Hause bleibt, wie für den Vater oder die Mutter, die den Arbeitsplatz für ihre Kinder früher verlassen und zu hören bekommen: „Na, schon Feierabend?"

Ebenso falsch ist die Vorstellung, dass Kinder zu Hause „verblöden" oder unsozial werden. Man soll doch bitte ehrlich sein: Kindergärten, Kitas, Tagesmütter und Ganztagsschulen nützen vor allem erst einmal den Eltern, nicht den Kindern. Die derzeitige Botschaft vieler „politisch Korrekter", man müsse die Ganztagesbetreuung ab dem 3. Lebensjahr ausbauen, um die Bildung und Sozialfähigkeit der Kinder zu stärken, ist eine Schutzbehauptung zur Entlastung der Eltern, nicht aber eine durch die Erfahrung irgendwie belegbare, geschweige denn wissenschaftlich zu erhärtende Tatsache. Vernachlässigung von Kindern – aber niemals hochengagierte Eltern, die sich viel Zeit für ihre Kinder organisieren – schafft ungebildete, sozial nicht integrierte Kinder! Da wir heute eine zunehmende neue Unterschicht haben, in der Kinder verwahrlosen[95] und zunehmend durch Beziehungskatastrophen nicht vollständige Familien entstehen, sind staatliche Alternativen sinnvoll, nicht aber, weil der Staat auch nur ansatzweise den Einsatz zweier hochengagierter Eltern für ihre Kinder ersetzen, geschweige denn übertrumpfen könnte.

Ratschläge zur Vereinbarkeit von Beruf und Vaterschaft

- Je mehr Liebe, Zeit und Energie Sie in Ehe und Familie investieren, desto mehr Liebe, Zeit und Energie erhalten Sie zurück, jetzt, bald und bis ins hohe Alter.

- Bringen Sie Ihren Beruf und die außerfamiliären Interessen bewusst mit in die Familie ein und „privatisieren" Sie Ihre Gespräche zu Hause nicht – Ihre Kinder werden es zu schätzen wissen, dass sie durch Sie an die harte Wirklichkeit herangeführt werden und diese nicht eines Tages völlig überraschend und überfallartig kennen lernen.

- Nehmen Sie Ihre Kinder so oft wie möglich an Ihren Arbeitsplatz mit und lassen Sie sie bei Ausübung Ihres Berufes dabei sein. Kinder wollen stolz auf das sein, was ihre Eltern machen. Zudem können sie so erfahren, dass Eltern genauso vielen Zwängen unterworfen sind wie etwa die

Kinder in der Schule, und lernen, wie man damit umgeht. Kinder stellen nie mehr Fragen, als wenn sie mit dem alltäglichen Beruf der Eltern konfrontiert werden!

- „Geldgier ist eine Wurzel alles Übels" (1. Timotheus 6,10). Achten Sie darauf, dass das Geld nicht Ihre Beziehung in Ihrer Ehe und zu den Kindern regiert. Liebe kann man sich nicht durch Geld sichern oder kaufen, aber man kann sein Leben dem Geld anvertrauen und dabei Liebe und Beziehungen verlieren.

- Sammeln Sie Ideen, wie Sie Beruf und Familie besser vereinbaren können. Gibt es die Möglichkeit der Telearbeit, der Teilzeitarbeit, der flexiblen Arbeitszeit? Wichtig ist dabei: Nicht was andere über Sie denken zählt, sondern dass Sie eine gemeinsame Lösung finden, in der jeder den anderen Partner voll unterstützen kann und sich nicht als das alleinige Opfer fühlt.[96]

- Werden Sie deutlich, etwa wenn wichtige Sitzungen in der Firma auf 16:00 Uhr angesetzt werden und Sie sie lieber vormittags hätten.

- Besprechen Sie als Ehepaar, wie Sie abwechselnd Beruf und Familie Vorfahrt einräumen können. Immer wenn ich promoviert habe, hat meine Frau fast alle Aufgaben zu Hause übernommen. Als sie promovierte, war ich zu Hause zuständig. Auch schreiben wir Bücher nie gleichzeitig. Wenn der eine ganz in eine solche Aufgabe abtaucht, ist der andere ganz besonders für die Kinder da.

- Kaufen Sie Ihrer Frau (und sich selbst) die allerneuesten und zeitsparenden Maschinen für den Haushalt, nachdem Sie den Alltag genau beobachtet und Ihre Frau genau befragt haben, und lernen Sie selbst, damit umzugehen.

- Teilen Sie sich die Arbeit im Haushalt vom Kochen bis zu den Reparaturen auf, indem zunächst jeder sagt, 1. was er sowieso gerne macht und 2. was ihm nicht so viel ausmacht. Wirklich aufzuteilen ist dann der Rest, der beiden schwerfällt. Wenn Sie die Arbeiten für die Familie aufteilen, denken Sie an alles, was Zeit, Energie und Nerven kostet: Pflege, Versorgung, Reinheit, Reparatur, Behörden, Konto, Verwaltungsarbeit, Erholung, Ratgeber, geistliche Erziehung, Gebet, Zubettgeh-Rituale etc.

- Geben Sie lieber Arbeiten im Haushalt weg als Ihre Kinder. Investieren Sie lieber in eine Reinigungsfirma als in einen Kinderhort.

Exkurs aus christlicher Sicht: Die Aufgabe des Vaters in der Bibel – Ernährer oder Erzieher?

1. *In der Bibel tragen durchgängig Vater und Mutter – die dafür ungezählte Male gemeinsam genannt werden – gemeinsam die letzte Verantwortung für die Erziehung der Kinder und teilen sich die damit verbundene Arbeit.* Es werden fast ausnahmslos Vater *und* Mutter als Vorbild, Autorität oder Segen hingestellt, seltener einmal nur der Vater oder nur die Mutter. Eine harmonische Ehe ist die beste Voraussetzung für die Erziehung, weil Mann und Frau ihren Kindern gegenüber in einem vom Schöpfer wunderbar geplanten Zusammenspiel ihre Erfüllung finden.

Vater und Mutter in der Bibel (Beispiele)

„Du sollst deinen Vater und deine Mutter ehren, auf dass du lange lebest in dem Lande, das dir der Herr, dein Gott, geben wird." (2. Mose 20,12 [= 5. Mose 5,16])

„‚Ehre Vater und Mutter', das ist das erste Gebot, das eine Verheißung hat." (Epheser 6,2)

„Mein Sohn, gehorche der Erziehung deines Vaters und verlass nicht das Gebot deiner Mutter…" (Sprüche 1,8)

„Denn als ich noch Kind in meines Vaters Hause war, ein zartes, das einzige unter der Obhut meiner Mutter ..." (Sprüche 4,3)

„Mein Sohn, bewahre das Gebot deines Vaters und lass nicht fahren die Weisung deiner Mutter." (Sprüche 6,20)

„Gehorche deinem Vater, der dich gezeugt hat, und verachte deine Mutter nicht, wenn sie alt wird." (Sprüche 23,22)

„Lass deinen Vater und deine Mutter sich freuen und fröhlich sein, die dich geboren hat." (Sprüche 23,25)

„Denn der Sohn verachtet den Vater, die Tochter widersetzt sich der Mutter ..." (Micha 7,6)

„Wer Vater oder Mutter mehr liebt als mich, der ist meiner nicht wert; und wer Sohn oder Tochter mehr liebt als mich, der ist meiner nicht wert." (Matthäus 10,37)

Paulus vergleicht sich mit einer Mutter und einem Vater:

„... wir sind unter euch mütterlich gewesen: Wie eine Mutter ihre Kinder pflegt, so hatten wir Herzenslust an euch und waren bereit, euch nicht allein am Evangelium Gottes teil zu geben, sondern auch an unserm Leben; denn wir hatten euch lieb gewonnen." (1. Thessalonicher 2,7-8)

„Denn ihr wisst, dass wir, wie ein Vater seine Kinder, einen jeden von euch ermahnt und getröstet und beschworen haben, euer Leben würdig des Gottes zu führen, der euch berufen hat zu seinem Reich und zu seiner Herrlichkeit." (1. Thessalonicher 2,11-12)

2. Gelegentlich erwähnt die Bibel die Erziehungsverantwortung des Vaters gegenüber den Kindern, ohne die Mutter zu erwähnen (z. B. Epheser 6,4; Jesaja 38,19; Josua 4,21; vgl. die Warnungen ebd. und Kolosser 3,21), *sicher aber nirgends, dass die Erziehung allein Sache der Frau sei*. So heißt es: „Ihr Väter ... erzieht sie in der Selbstbeherrschung und Ermahnung des Herrn" (Epheser 6,4). Wie will man das vom Arbeitsplatz aus tun? Im Alten Testament wird 201-mal das Wort „Vaterhaus" (z. B. 1. Mose 46,31; Josua 2,18) für Familie gebraucht. Und da sollte der Vater mit dem „Haus" nichts zu tun haben? Vaterschaft bedeutet, etwas (mit) ins Leben zu rufen und dafür die volle Verantwortung nach außen und innen zu tragen.

Die Warnung vor zu strenger und zu lascher Erziehung

„Ihr Väter, reizt eure Kinder nicht zum Zorn, sondern zieht sie in der Selbstbeherrschung und der Ermahnung des Herrn auf." (Epheser 6,4)

„Ihr Väter, reizt eure Kinder nicht, damit sie nicht mutlos werden." (Kolosser 3,21)

Negative Beispiele

David verschonte seine Söhne zu sehr. So wird für die Rebellion Adonijas gegen seinen Vater und König David als Grund genannt: „Und sein Vater hatte ihn, so lange er lebte, nicht betrübt, dass er gesagt hatte: Warum handelst du so?" (1. Könige 1,6).

Eli traute sich nicht, seinen Söhnen gegenüber durchzugreifen, als sie ihr Priesteramt missbrauchten, weswegen Gott ihn und seine Familie richtete (1. Samuel 2-3; besonders 2,22-25)

> Gott muss deswegen „das Herz der Väter zu den Kindern bekehren" (Lukas 1,17; Maleachi 3,24 – dort auch die Umkehrung).

Zur väterlichen Erziehung gehören Liebe und Strenge, Erbarmen und Ermahnen, Gehorsam und Vorbild. Väter sind immer Vorbilder ihrer Kinder! Bedingung für das Ältesten- und Aufseheramt sind deswegen gläubige Kinder: 1. Timotheus 3,4-5; Titus 1,6.9. In der Erziehung spielt das gelehrte und vorgelebte Gesetz Gottes die entscheidende Rolle: „Und diese Worte, die ich dir heute befehle, sollst du zu Herzen nehmen und du sollst sie deinen Kindern einschärfen und davon reden, wenn du in deinem Hause sitzt oder unterwegs bist, wenn du dich niederlegst oder aufstehst" (5. Mose 6,6-7; ähnlich 11,19).

3. Das „Hauptsein" des Mannes wird in 1. Korinther 11,3.4.7; Epheser 5,23 angesprochen, in 1. Petrus 3,1.5.6 und Epheser 5,21-22 ist vom „Unterordnen" oder „Einordnen" der Frau die Rede. Während die traditionelle Auslegung darin eine Bestätigung des patriarchalischen Familienverständnisses sieht, sehen andere darin nur die Einsetzung des Mannes als Repräsentant des Familienbundes, nicht aber eine Aufhebung der Ehe als Bund zweier gleicher und gleichberechtigter Menschen. Entscheidend aber ist dabei: Für die Frage der Aufteilung der Erziehungsverantwortung und des Erwerbs des Lebensunterhalts ergibt sich daraus in der Bibel keine praktische Konsequenz.

Das Hauptsein wird in der Bibel nirgends mit dem Ernährersein verbunden, vielmehr trägt die Frau zum Lebensunterhalt bei (z. B. spricht Sprüche 31,10-31 vom „Gewinn" und „Unterhalt", den die Frau außer Haus, etwa als Unternehmerin, erwirtschaftet) und nirgends in der Bibel wird einer Frau verboten, zu arbeiten, auch nicht für Geld. Die Beschränkung der Vaterschaft auf die Verdiener- und

Ernährerfunktion ist nicht biblisch-christlich begründet, sondern hat sich erst im 19. Jahrhundert entwickelt, wie wir bereits gesehen haben.

4. *Die Gehorsamspflicht der Kinder wird ebenfalls nicht mit dem „Hauptsein" des Ehemannes in Verbindung gebracht, sondern immer auf Vater und Mutter bezogen.* Wichtig ist dabei auch, dass die Bibel nirgends die Frau zusammen mit den Kindern dem Mann unterstellt, sondern immer die Kinder den beiden Eltern gegenüberstellt.

Autorität ist in der Bibel sonst immer *auch* mit Strafautorität verbunden, die Vater und Mutter etwa den Kindern gegenüber haben, aber auch der Staat gegenüber seinen Untertanen (Römer 13,1-7). Der Mann hat aber nirgends in der Bibel auch nur die Andeutung einer Strafautorität gegenüber seiner Ehefrau. Nirgends findet sich die Aufforderung an den Mann, dafür zu sorgen, dass sich seine Frau ihm fügt, geschweige denn, sie zu bestrafen oder sonstige Maßnahmen gegen ihre abweichende Auffassung einzuleiten. Die einzige „Waffe" des Ehemannes ist es, seine Frau zu lieben wie Christus die Gemeinde (Epheser 5,25). Und die Hauptaufgabe des Mannes ist es, selbstlos seine Frau zu fördern und ihr ein würdiges und schönes Leben zu ermöglichen (Epheser 5,26-29).

5. *Autorität und Verantwortung bringen in der biblischen Arbeitsethik immer mehr Arbeit mit sich*, nicht weniger, auch die Autorität der Eltern und des Vaters. Auch und gerade für die Mächtigen gilt der Arbeitsbefehl. Könige führen deswegen ein besonders arbeitsames Leben. Und der gewiss nicht einflusslose Paulus schreibt: „Ich habe mehr gearbeitet als sie alle" (1. Korinther 15,10; 2. Korinther 11,23). Das war der Preis für seine Verantwortung. In der Bibel arbeiten die Höhergestellten für ihre Untergebenen ebenso wie diese für sie. Eltern arbeiten für ihre Kinder. Autorität bedeutet in der Bibel Arbeit, wobei die höchste Autorität, Gott selbst, mehr für uns arbeitet und tut, als

wir es je füreinander tun könnten. Die Autorität der Eltern über ihre Kinder verschafft den Eltern kein bequemes Leben, sondern sehr viel mehr Arbeit. Und das sollte gerade für den Vater nicht gelten? Die Autorität des Menschen über die Erde (1. Mose 1,26-30) als Krone der Schöpfung, also der Auftrag, sich die Erde untertan zu machen, den Mann und Frau gemeinsam erhalten haben, bedeutet gerade den Auftrag zur Arbeit, die Erde zu verwalten, die er ja nicht nur verändern („bebauen"), sondern auch erhalten („bewahren") soll (1. Mose 2,15).

6. *Gott ist das Urbild und Vorbild jeder Vaterschaft*: „Deshalb beuge ich meine Knie vor dem Vater, von dem jede Vaterschaft im Himmel und auf Erden ihren Namen hat" (Epheser 3,14-15). Gleichzeitig dienen (gute) Väter als Beispiel für Gott (z. B. Lukas 11,11-13). Das Vertrauen in Gott, den Vater, ist deswegen die beste Voraussetzung für menschliche Vaterschaft: „In der Furcht des Herrn liegt ein starkes Vertrauen, auch dessen Kinder haben eine Zuflucht" (Sprüche 14,26).

Es geht dabei nicht darum, Gott als Mann zu erweisen oder Vaterschaft als würdiger als Mutterschaft hinzustellen, aber ernst zu nehmen, dass Gottes Vaterschaft Vätern als Vorbild gilt, an dem sie gemessen werden. Mann und Frau sind Ebenbilder Gottes, und Gott steht über den Geschlechtern. Die Bibel hat auch keine Berührungsängste damit, Mütter als Vorbilder Gottes anzusprechen (Jesaja 66,13: „Ich [= Gott] will euch trösten, wie einen seine Mutter tröstet"), wenn auch seltener. So kann sie davon sprechen, dass wir von Gott „geboren" sind (Johannes 1,13; 1. Johannes 3,9 und weiter 6-mal in 1. Johannes) und Gott einen „Mutterschoß" hat (Jesaja 46,3; 66,9).

7. *Gottes Vaterschaft kommt gerade auch darin zum Ausdruck, dass er barmherzig ist und tröstet.* Gottes Vaterschaft zeigt sich gerade darin, dass er zu uns persönlich eine Beziehung hat und uns persönlich so erzieht, wie es für *uns*

(nicht für andere oder für alle) am besten ist. Der Vater, der den verlorenen Sohn aufnimmt, ist das Urbild jedes Vaters!

Neben der Barmherzigkeit ist die *Treue* ein besonderes Kennzeichen eines guten Vaters, und der Vater vermittelt in besonderer Weise, was es heißt, dass Gott treu und zuverlässig ist: „Der Vater macht den Kindern deine [= Gottes] Treue kund." (Jesaja 38,19).

Eigenschaften Gottes, die zu seiner Vaterschaft gehören und vorbildlich für leibliche und geistliche Väter sind

Erbarmen und Trösten

„Wie sich ein Vater über Kinder erbarmt, so erbarmt sich der Herr über die, die ihn fürchten." (Psalm 103,13)

„Gepriesen sei der Gott und Vater unseres Herrn Jesus Christus, der Vater der Erbarmungen und Gott allen Trostes." (2. Korinther 1,3)

Der Vater im Gleichnis vom verlorenen Sohn (Lukas 15,11-32)

(Gott über Salomo:) „Ich will ihm Vater sein und er soll mir Sohn sein, so dass, wenn er verkehrt handelt, ich ihn strafen werde …; aber meine Güte soll nicht von ihm weichen." (2. Samuel 7,14-15; Ausgewogenheit zwischen Strenge und Güte)

Erlösen und bewahren

„Du, Herr, bist unser Vater, unser Erlöser von alters her." (Jesaja 63,16)

„Deswegen ist es nicht der Wille eures Vaters im Himmel, dass eines dieser Kleinen verloren geht." (Matthäus 18,14)

Beschützen und Fürsorge üben

„Mein Vater bist du, mein Gott und Fels meines Heils." (Psalm 89,27)

„Sogar mein Vater und meine Mutter verließen mich, aber der Herr nimmt mich auf." (Psalm 27,10)

„... der Vater der Waisen und Beschützer der Witwen ..." (Psalm 68,6; vgl. Psalm 10,14)

Lehren

Vgl. 5. Mose 6,6-7; 11,19; Jakobus 1,5; Sprüche 2,1-6

Vorbild sein

„Seid nun als geliebte Kinder Nachahmer Gottes ..."(Epheser 5,1)

„... ihr seid unsere Nachahmer geworden und die des Herrn ..." (1. Thessalonicher 1,6)

Autorität haben

„Ein Sohn soll den Vater ehren ... Wenn ich nun Vater bin, wo bleibt meine Ehre?" (Maleachi 1,6)

(über Jesus:) „Denn er empfing von Gott, dem Vater, Ehre und Herrlichkeit ..." (2. Petrus 1,17)

Führen

„... ich führe sie ..., denn ich bin Israel zum Vater geworden ..." (Jeremia 31,9)

Ermahnen, Erziehen, Strafen

Das Leiden des Einzelnen wird als väterliche Erziehung Jahwes aufgefasst: Sprüche 3,12; Hiob 36,5; Psalm 66,10; 118,18; 119,67.71.

3,12: „Denn wen Jahwe liebt, den erzieht er, und zwar wie ein Vater den Sohn seines Wohlgefallens" (Sprüche 3,12; zitiert in Hebräer 12,4-11).

„So erkenne denn, dass der Herr dich erzieht, wie ein Vater seinen Sohn erzieht." (5. Mose 8,5)

„Kehrt um, ihr abtrünnigen Kinder..." (Jeremia 3,19.22)

2. Samuel 7,14-15 (siehe oben)

Erzeugen
(Gott *schafft* und erzeugt, der leibliche und geistliche Vater erzeugt lediglich.)

Maleachi 2,10; 5. Mose 32,6; Hiob 38,28; Jesaja 45,10, vgl. 45,9-11

2. Allein erziehende Väter, Stiefväter, „Ex-Väter"

Allein erziehende Väter

Es geht im Folgenden nicht darum, Alleinerziehenden, Stiefvätern und anderen das Leben schwer zu machen. Aber nur wer ein mögliches Defizit nüchtern erkennt, kann Abhilfe und Alternativen schaffen. Umzüge an einen anderen Ort gehören beispielsweise für Kinder zu den größten Stressauslösern. Deswegen sollte man sich das in der Kinderphase zweimal überlegen. Ist es aber unvermeidlich, hilft kein Ignorieren, sondern nur ein aktives Aufarbeiten. Man muss viel vorher und nachher reden und Kindern die Umwälzung ihrer vertrauten Lebensumwelt erleichtern. Vaterlosigkeit oder Alleinerziehen hat ähnliche Konsequenzen, die man nicht dadurch löst, dass man sie verärgert für nichtexistent erklärt, sondern indem man sich viel Zeit für die Kinder nimmt, allein und mit anderen Ideen sammelt und aktiv den typischen Problemen entgegensteuert.

In Deutschland gibt es mehr als 300 000 allein erziehende Väter. Es ist die am schnellsten wachsende Familienform, die aber oft aus „politischer Korrektheit" neben den allein erziehenden Müttern kaum öffentlich erwähnt wird, obwohl sie inzwischen 20 % aller Alleinerziehenden ausmachen. In ca. 75 % der Fälle geht der allein erziehenden Vaterschaft eine Scheidung oder Trennung voraus, in 15 % der Fälle der Tod des weiblichen Partners. In weniger als 10 % der Fälle war der Mann immer schon ledig oder hatte nur eine lose Beziehung zu einer Frau.

Die meisten allein erziehenden Väter sind schon vorher überdurchschnittlich im Haushalt aktiv gewesen. Sie kommen aus allen Bevölkerungsschichten, da diese Lebensform selten bewusst gewählt wird. Allein erziehende Väter sind meist durch ihren Beruf besser gestellt als allein erziehende Mütter. Allerdings ist drohende Arbeitslosigkeit eine große Herausforderung, zumal nur jede fünfte Mutter Unterhalt für Kinder allein erziehender Väter zahlt.

In etwas mehr als der Hälfte der Scheidungsverfahren wurde die Regelung, dass die Kinder beim Vater aufwachsen, einvernehmlich getroffen, in etwas weniger als der Hälfte der Fälle wurde der Antrag der Mutter auf Sorgerecht wegen Alkoholkrankheit, Drogen, psychischer Erkrankungen oder Vernachlässigung des Kindes nicht stattgegeben.

Auch wenn die wenigsten allein erziehenden Väter diesen Zustand als Dauerzustand wünschen, ist es für die meisten doch eine Lebensform auf Dauer, das heißt, es kommt trotz der prinzipiellen Offenheit für eine neue Partnerschaft meist keine neue Partnerin als Stiefmutter der Kinder ins Spiel.

Allein erziehende Vaterschaft kann gelingen.[97] Wer einmal begriffen hat, dass Vater und Mutter gleichwertig für die Erziehung der Kinder von Bedeutung sind, versteht auch, dass der allein erziehende Vater zwar andere Defizite hat als die allein erziehende Mutter, aber nicht stärkere. Allein erziehende Vaterschaft ist nicht leichter oder schwerer als allein erziehende Mutterschaft, und Väter wie Mütter können – das haben viele Untersuchungen gezeigt – erstaunlich viele Aufgaben des jeweils anderen erfolgreich übernehmen, wenn Not am Mann oder an der Frau ist.

Seit dem neuen Kindschaftsrechtsgesetz von 1998 heißt es in § 1626 (3) des Bürgerlichen Gesetzbuches erfreulicherweise: „Zum Wohl des Kindes gehört in der Regel der Umgang mit beiden Elternteilen." Das setzt auch Artikel 9 der Konvention über die Rechte des Kindes um, die 1989 von der Vollversammlung der Vereinten Nationen angenommen wurde und seit 1992 in Deutschland gilt, worin zu den Rechten des Kindes das Zusammenleben mit beiden Eltern gehört. Das ist gut so und auch, dass dies, wenn irgendwie möglich, auch nach einer Scheidung gilt.

Ratschläge für allein erziehende, geschiedene Väter

- Sorgen Sie dafür, dass Ihre Kinder ein gutes Bild ihrer leiblichen Mutter vor Augen haben oder in Erinnerung behalten. Erzählen Sie von den schönen Tagen und aus der Zeit von Schwangerschaft und Geburt.
- Vermitteln Sie den Kindern deutlich, dass sie unschuldig sind und dass die Fehler zwischen den Erwachsenen liegen. Machen Sie die Kinder nicht zu Verbündeten.
- Sorgen Sie dafür, dass Ihre Kinder wenigstens eine Frau als Vorbild und Bezugsperson in ihrem Leben wirklich persönlich kennen lernen, sei es eine Verwandte (z. B. Tante, Großmutter), Lehrerin, Gemeindemitarbeiterin oder eine langjährige Freundin.

- Beherzigen Sie alles entsprechend, was im Folgenden allein erziehenden Müttern angeraten wird. Sorgen Sie nach einer Scheidung, wenn irgendwie möglich, für ein gutes Umgangsrecht mit der leiblichen Mutter.

Ratschläge für allein erziehende, geschiedene Mütter

Ausnahmsweise will ich auch einmal Mütter ansprechen, denn 80 % der Scheidungen werden von Frauen eingereicht,[98] und danach entscheiden meist die Mütter, welche Art von Kontakt die Kinder zum leiblichen Vater haben. Alles kann natürlich auch für Väter gelten, wenn sie das Kind oder die Kinder nach ein Scheidung in Obhut haben.

- Entfremden Sie das Kind seinem leiblichen Vater nicht, wenn dem Kind nicht unmittelbare Gefahr vom Vater droht (z. B. Gewalt, sexueller Missbrauch). Ihr Kind hat mit dem, was zwischen Ihnen und Ihrem Partner vorgefallen ist oder noch vorfällt, nicht das Geringste zu tun. Trennen Sie Ihre Gefühle für Ihren Ex-Mann strikt von Ihrer Fürsorge für das Kind und den Gefühlen des Kindes für seinen Vater.
- Sprechen Sie immer positiv von der Zeit, die Sie zu dritt zusammengelebt haben. Laden Sie Ihre Bitterkeit über die Vergangenheit bei anderen Erwachsenen ab.
- Wenn Sie bestimmte negative Handlungen Ihres Ex-Mannes erwähnen müssen, sorgen Sie dafür, dass es sich um klar umrissene und belegbare Handlungen handelt, die die Kinder verstehen können. Vermeiden Sie, den Charakter ihres Ex-Mannes grundsätzlich negativ darzustellen oder zu verteufeln.
- Ihr Kind ist nicht Ihr Psychiater, von dem Sie sich Rat holen wollen, nicht Ihr Richter, vor dem Sie sich rechtfertigen müssen, nicht Ihre Mutter oder Freundin, bei der Sie

sich ausweinen. Ihr Kind braucht von Ihnen Vertrauen, Wärme, Schutz, Führung und Lebenshilfe. Wenn Sie über die Familienvergangenheit und den Ex-Mann sprechen, sprechen Sie über das Leben und die Identität des Kindes, denn für das Kind wird selbst der schlimmste Vater immer sein Vater bleiben.

Stiefväter

Stiefväter sind längst Alltag in unserem Land. Das Kernproblem ist, „dass die Rolle des Stiefvaters in unserem Kulturkreis bis vor wenigen Jahrzehnten noch eine relativ klar definierte war. Er hatte den verstorbenen Vater als Familienoberhaupt, als Erzieher der Kinder und vielfach als deren Ernährer zu ersetzen. Die Tatsache, dass der Stiefvaterschaft heute vielfach eine Scheidung oder eine Trennung der leiblichen Eltern vorausgeht und der Stiefvater zum noch lebenden leiblichen Vater hinzutritt, sowie der Umstand, dass die Vaterrolle in den letzten Jahrzehnten einem massiven Wandel unterworfen war, führten dazu, dass die Rolle des Stiefvaters zu einer extrem unbestimmten wurde. Es gibt keine allgemein gültigen oder institutionalisierten Rollenerwartungen an den Stiefvater. Er besitzt keinerlei Rechte und Pflichten gegenüber seinen Stiefkindern, er ist nicht mit ihnen verwandt. Es ist unklar, inwiefern er den außerhalb lebenden Vater ergänzen bzw. ersetzen soll, ob er Erzieher, Freizeitkamerad, ein guter Freund oder nur der Partner der Mutter sein soll. Es wird häufig von ihm erwartet, zugleich Elternteil und ‚Nicht-Elternteil' zu sein. So erwarten die leiblichen Mütter meist, dass sich der Stiefvater in die Familie integriert, die Aufgaben eines Vaters übernimmt und sie in der Betreuung und Erziehung der Kinder entlastet. Zugleich aber reagieren sie oft widersprüchlich, wenn sich ihr Partner entsprechend diesen Erwartungen verhält. Viele Mütter wollen zwar Unterstützung und Entlastung bezüglich ihrer Kinder, sind aber nicht bereit, einen Teil ihrer Erziehungskompetenz und Verantwortung abzugeben ... Auch die Erwartungen und Wünsche der Kinder an den ‚neuen' Mann in der Familie können äußerst unterschiedlich und mitunter widersprüchlich sein. Sie können von der Hoffnung, einen ‚richtigen' Vater zu bekommen, über die Erwartung, einen Freizeitkameraden, Kumpel oder guten Freund gewonnen zu haben, bis zum Wunsch reichen, dass dieser Mann sich in ihre Angelegenheiten nicht einmischt und den Platz an der Seite der Mutter und damit in der Familie so schnell wie möglich wieder verlässt. Angesichts dieser Ambiguitäten ist es nicht verwunderlich, dass Stiefväter sich selbst oft schlechter einschätzen als leibliche Väter, dass sie vermehrt Selbstzweifel hegen und ihrer eigenen Rolle selbstkritisch gegenüberstehen ..."[99]

Andererseits haben auch Stiefväter große Chancen, da liebevolle und bestimmte Männer, die Zeit haben, von Kindern geschätzt werden und Stiefväter echte Begleiter fürs Leben werden können. Kinder haben gerne vorbildliche Männer in ihrem Leben und meist bleibt der Stiefvater der einzige Mann, der im Leben der Kinder eine prägende Rolle spielt.

Es ist für Stiefväter also ungeheuer wichtig, mit der Mutter genau abzusprechen, welche Rolle sie einnehmen sollen, und dies dann auch den Kindern klar zu vermitteln. Sollen sie den leiblichen Vater mit allen Rechten und Pflichten ersetzen, sollen sie nur ein guter Freund der Familie sein und die Rolle des leiblichen Vaters nicht in Frage stellen usw.? Kinder können sich auf erstaunliche viele Situationen und Regeln einstellen, nur eines können sie schlecht: ständig die Regeln wechseln und in Ungewissheit aufwachsen.

Fragt man, welche Faktoren statistisch gesehen Stiefvätern helfen, eine positive Beziehung zu ihren Kindern aufzubauen, so sind dies 1. eigene biologische Kinder, 2. das Verheiratetsein mit der Mutter, 3. eine harmonische Dauerbeziehung zur Mutter, 4. der ausdrückliche Wunsch der Mutter, dass der Stiefvater volle Rechte und Pflichten übernimmt, 5. gemeinsame Erziehungswerte von Vater und Mutter, 6. das Alter der Kinder – je älter sie sind, desto schwerer fällt es ihnen, den neuen Vater anzunehmen. Ist der erste Vater verstorben, wird der Stiefvater meist recht leicht angenommen, lebt er noch und ist nur durch Scheidung nicht mehr in der Familie präsent, ist Stiefvaterschaft eine wesentlich größere Herausforderung.

Ratschläge für Stiefväter

- Sprechen Sie mit der Mutter Ihrer Stiefkinder klar ab, welche der vielen verschiedenen möglichen Rollen Sie als Stiefvater haben sollen und wollen, und setzen Sie sich konsequent dafür ein, dass diese Absprache dann auch eingehalten und Ihre Rolle nicht täglich nach Lage oder Stimmung geändert wird.
- Stellen Sie sicher, dass im Familienrat den Kindern klar kommuniziert wird, welche Aufgabe Sie haben und was Ihre Rechte und Pflichten sind und nicht sind.
- Erwägen Sie unbedingt eine Adoption, wenn der leibliche Vater nicht mehr lebt oder dem Kind völlig unbekannt ist. Wenn der leibliche Vater aber noch lebt und das Kind ihn regelmäßig trifft, sollten Sie keine rechtliche Lage schaffen, die dem Kind den Anschein vermittelt, Sie wollten es um seinen leiblichen Vater bringen.

III. Weblinks und Literaturtipps

Reihenfolge jeweils:
- Weblinks
- Zeitungs- und Zeitschriftenartikel
- Bücher Deutsch
- Bücher Englisch

Bedeutung von Vätern und Familien

- Facetten der Vaterschaft. Berlin, Bundesministerium für Familie, Senioren, Frauen und Jugend, 2006. 250 S. (überwiegend von Wassilios E. *Fthenakis* und Mitarbeitern), nur elektronisch: www.bmfsfj.de/Kategorien/Forschungsnetz/forschungsberichte,did=70 116.html
- Franz-Xaver *Kaufmann*, Schrumpfende Gesellschaft: Vom Bevölkerungsrückgang und seinen Folgen, Frankfurt: Suhrkamp 2005
- Dieter *Lenzen*, Vaterschaft: Vom Patriarchat zur Alimentation, Reinbek: Rowohlt Taschenbuch Verlag, 1991 (Originalausgabe)/2002
- Frank *Pittman*, Warum Söhne ihre Väter brauchen: Der schwierige Weg zur Männlichkeit, München: dtv 1996
- Thomas *Schirrmacher*, Der Segen von Ehe und Familie, Bonn: Verlag für Kultur und Wissenschaft 2006
- Kyle D. *Pruett*, Fatherneed: Why Father Care is as Essential as Mother Care for Your Child, New York: Broadway Books 2000

Gefahren der Vaterlosigkeit

- Matthias *Franz* u. a. „Wenn der Vater fehlt: Epidemiologische Befunde zur Bedeutung früher Abwesenheit des Vaters für die psychische Gesundheit im späteren Leben", *Zeitschrift für psychosomatische Medizin* 45 (1999),

S. 260–278 (Kurzfassung in *Psychologie heute* 3/2004: www.vafk.de/themen/wissen/psycho/wenn_der_vater_fehlt.htm)

- Ellen *Frauenknecht*, „Der Schlüssel zum Glück: geteilte Kinder-Erziehung", *Die Welt* vom 30.5.1998, S. G10
- Horst *Petri*, „Vaterlose Gesellen: Es wird höchste Zeit zu erkennen, welche Katastrophe für die Gesellschaft in der Vaterlosigkeit steckt", *Die Welt* vom 19.4.2000, S. 11
- Ulrike *Plewina*, „Das Trauma der Trennung: Wenn Mama und Papa auseinandergehen, leiden die Kinder oft ein Leben lang", *Focus* 49/2001, S. 52–65
- Paul Josef *Cordes*, Die verlorenen Väter: Ein Notruf, Freiburg: Herder 2003
- Matthias *Franz*, „Wenn der Vater fehlt – Spätfolgen einer vaterlosen Gesellschaft", S. 167–182 in: Eberhard *Beckers* u. a., Die Programmierung des kindlichen und jugendlichen Gehirns, Gießen: Verlag des Professorenforums 2002
- Michiaki und Hildegard *Horie,* Auf der Suche nach dem verlorenen Vater, Wuppertal: R. Brockhaus 1989[2]
- Horst *Petri*, Das Drama der Vaterentbehrung: Chaos der Gefühle – Kräfte der Heilung, Freiburg: Herder 2000[2] (hier nicht verwendet: 2006[3])
- Thomas *Schirrmacher*, Der Segen von Ehe und Familie, S. 74–82, 116–124 (siehe oben)
- Alexander *Thomas*, „Untersuchungen zum Problem der vaterlosen Erziehung in ihrem Einfluß auf die psychosoziale Entwicklung des Kindes", *Psychologische Beiträge* 22 (1980), S. 27–48
- David *Popenoe*, Life without Father: Compelling New Evidence that Fatherhood and Marriage are Indispensable for the Good of Children and Society, New York: Free Press 1996
- Marybeth *Shinn*, „Father Absence and Children's Cognitive Development". *Psychological Bulletin* 85 (1978), S. 295–324

Vaterforschung (allgemeinverständlich)

- http://de.wikipedia.org/wiki/Vater
- Stephan *Barth*, „Vaterschaft im Wandel". www.stephan-barth.de/vatersch.htm
- „Das neue Bild vom Vater". *Geo* 1/2001. www.geo.de/GEO/kultur/gesellschaft/780.html?p=1
- Judith *Rauch*, „Das neue Bild vom Vater". Spiegel On-line vom 25. April 2006. www.spiegel.de/wissenschaft/mensch/0,1518,411244,00.html
- Christine *Brinck*, „Familie ist nicht gleich Familie", *Die Welt* vom 15.3.2000, S. 11
- Jean *Le Camus*, Väter: die Bedeutung des Vaters für die psychische Entwicklung des Kindes, Weinheim: Beltz 2001, 2003
- Jean *Le Camus*, Vater sein heute : für eine neue Vaterrolle, Weinheim: Beltz 2001
- Horst *Petri*, Väter sind anders: Die Bedeutung der Vaterrolle für den Mann, Stuttgart: Kreuz 2004

Klassiker der wissenschaftlichen Vaterforschung (Deutsch)

- Ursula *Lehr*, „Die Rolle von Vater und Mutter in der frühen Sozialisation des Kindes". *Therapiewoche* 30 (1980). S. 649–665
- Wassilios E. *Fthenakis* u.a., Engagierte Vaterschaft, Opladen: Leske und Budrich 1999
- Wassilios E. *Fthenakis*, Väter, 2 Bde., München: Urban und Schwarzenberg 1985; München: dtv 1988
- Wassilios E. *Fthenakis*/Beate *Minsel*. Die Rolle des Vaters in der Familie. Schriftenreihe des Bundesministeriums für Familie, Senioren, Frauen und Jugend 213, Stuttgart: W. Kohlhammer 2002
- Karin *Grossmann*/Klaus E. *Grossmann*, Bindungen – das Gefüge psychischer Sicherheit, Stuttgart: Klett-Cotta 2004

(dazu: Katrin *Sachse*. „Der geheimnisvolle Code", *Focus* 38/2004, S. 124–132)

- Inge *Seiffke-Krenke*, Psychotherapie und Entwicklungs-psychologie, Berlin/Heidelberg: Springer 2004, Kap. 7, S. 195–224
- Inge *Seiffke-Krenke*. „Neuere Ergebnisse der Vaterfor-schung". *Psychotherapeut* 46 (2001) 6, S. 391–397

Klassiker der wissenschaftlichen Vaterforschung (Englisch)

- Henry B. *Biller*, Fathers and Families. Paternal Factors in Child Development, Westport (CT)/London: Auburn House 1993
- Henry B. *Biller*/Richard S. *Solomon*, Child Maltreatment and Paternal Deprivation, Lexington (MS)/Toronto: Le-xington Books 1986
- Henry B. *Biller*, Paternal Deprivation, Lexington (MS): Heath 1974
- Natasha *Cabrera*, Catherine S. *Tamis-LeMonda*, Robert H. *Bradley*, Sandra *Hofferth*, Michael E. *Lamb*, „Fatherhood in the Twenty-First Century", *Child Development* 71 (2000), S. 127–136
- Michael E. *Lamb* (Hg.), The Role of the Father in Child Development, New York: John Wiley & Sons 1976[1]; 1981[2]; 1997[3]; 2004[4] (die Ausgaben sind jeweils stark erweitert und aktualisiert)
- Michael E. *Lamb*/Charlie *Lewis*, „The Development and Significance of Father-Child Relationships in Two-Parent Families", S. 272–306, in: Michael E. *Lamb* (Hg.), The Role of the Father in Child Development, New York: John Wiley & Sons 2004[4]
- Margaret *O'Brien*, „Social Science and Public Policy Per-spectives on Fatherhood in the European Union", S. 121–145, in: Michael E. *Lamb* (Hg.), The Role of the Father in Child Development, New York: John Wiley & Sons 2004[4]

Praktische Ratgeber für „werdende Väter", Rat für Entwicklungsphasen

- www.familienhandbuch.de
- Ian *Banks*, Vater sein dagegen sehr ..: Kluger Rat für werdende und erziehende Väter und ihre Partnerinnen, Zürich: Oesch 2003
- Lothar *Beyer*, Das Baby-Buch für neue Väter, München: Mosaik/Ullstein 2005
- Wassilios E. *Fthenakis*/Martin R. *Textor* (Hg.), Knaurs Handbuch Familie, München: Knaur 2004
- Harry H. *Harrison*, Vater & Sohn, Hamburg: Lardon Media 2004
- Harry H. *Harrison*, Vater & Tochter, Hamburg: Lardon Media 2004
- Jens *Oenicke*, Der werdende Vater – Anleitung zur perfekten Vaterschaft, Berlin: Zeitgeistfactory 2005
- Jan-Uwe *Rogge*, Kinder brauchen Grenzen, Reinbek: Rowohlt Taschenbuch Verlag, 2004[25]; Kinder brauchen Grenzen. Eltern setzen Grenzen. ebd. 2007
- Robert *Richter*/Eberhard *Schäfer*, Das Papa-Handbuch: Alles, was Sie wissen müssen zu Schwangerschaft, Geburt und dem ersten Jahr zu dritt, München: Gräfe und Unzer 2005
- Felix *Rohner-Dobler*, Familien brauchen Väter: Ermutigung und Rituale, München: Kösel 2006
- Ralf *Ruhl*, Kinder machen Männer stark: Vater werden, Vater sein, Reinbek: Rowohlt Taschenbuch Verlag 2000
- Ken *Canfield*, The Heart of a Father: How Dads can Shape the Destiny of America, Chicago: Northfield 1996

Christliche Ratgeber und Hilfen, Forschung über christliche Familien

- James *Dobson*, Das eigenwillige Kind, Holzgerlingen: Hänssler 2001[4]

- James *Dobson*, Anti-Frust-Buch für Eltern von willigen und eigenwilligen Kindern, Kehl: Edition Trobisch 1993[2]
- James *Dobson*, Der große Familien- und Erziehungs-ratgeber, Holzgerlingen: Hänssler 1998
- James *Dobson*/Shirley *Dobson*, Stille Zeit für Eltern : Andachten zum Auftanken, Asslar: Gerth 2005[2]
- Wilhelm *Faix*, Wie viel Vater braucht ein Kind? Holzgerlingen: Hänssler 2003
- Wilhelm *Faix*, Die christliche Familie heute: Ergebnisse einer Untersuchung, Bonn: VKW 2000
- Michiaki und Hildegard *Horie*, Auf der Suche nach dem verlorenen Vater, Wuppertal: R. Brockhaus 1989[2]
- Cornelia *Mack*/Friedhilde *Stricker* (Hg.), Zum Leben erziehen, Hänssler: Holzgerlingen 2002, darin von Thomas *Schirrmacher*: „Die Ehe der Eltern", S. 101–107 und „Generationen und unterschiedliche Erziehungsmaßstäbe", S. 182–187
- Eberhard *Mühlan*, Bleib cool, Papa! Guter Rat für gestreßte Väter, Asslar: Gerth 2001[4]
- Thomas *Schirrmacher*, Erziehung, Bildung, Schule, VTR: Nürnberg 2002
- Thomas *Schirrmacher*, Ethik, 7 Bde, Hamburg: RVB/Nürnberg: VTR 2004[3], Bd. 4
- Hermann J. *Zoche,* Vorbilder prägen Weltbilder: Kleinkinder mit christlichen Werten erziehen, Augsburg: Sankt Ulrich 2002
- W. Bradford *Wilcox*, Soft Patriarchs, New Men: How Christianity Shapes Fathers and Husbands, Chicago/London: The University of Chicago Press 2004

Vereinbarkeit von Vaterschaft/ Elternschaft und Beruf

- www.beruf-und-familie.de
- www.lokale-buendnisse-fuer-familie.de
- www.vaeter.de

- Projekt „Balance von Familie und Arbeitswelt" auf den Webseiten www.bmfsfj.de und www.bertelsmann-stiftung.de
- Consuelo Gräfin *Ballestrem*, Familie contra Beruf?, Augsburg: Sankt Ulrich 2002
- Werner *Eichhorst* u. a., Vereinbarkeit von Familie und Beruf im internationalen Vergleich, Gütersloh: Verlag Bertelsmann Stiftung 2007
- Günter F. *Gross,* Beruflich Profi, privat Amateur? Berufliche Spitzenleistungen und persönliche Lebensqualität, Landsberg: verlag moderne industrie 1989[1]; 2005[19]
- Liz *Mohn*/Ursula *von der Leyen* (Hg.), Familie gewinnt, Gütersloh: Verlag Bertelsmann Stiftung 2007

Väter und Scheidung
- www.vaeter-aktuell.de
- Das Kindschaftsrecht. Berlin: Bundesministerium der Justiz 2003, auch unter http://www.bmj.de/files/-/739/DasKindschaftsrecht.pdf
- Gerhard *Amendt*, „Väterlichkeit, Scheidung und Geschlechterkampf", *Aus Politik und Zeitgeschehen* (2004) 19, S. 19–25 – www.vafk.de/themen/aktuell/news/bpb-2004-19-A.html oder www.bundestag.de/dasparlament/2004/19/Beilage/003.html
- Gerhard *Amendt*, Scheidungsväter. Bremen: Institut für Geschlechter- und Generationenforschung 2004; erweitert: Frankfurt am Main: Campus 2006
- Lu *Decurtins*/Peter C. *Meyer* (Hg.), Entschieden geschieden: Was Trennung und Scheidung für Väter bedeutet, Zürich: Verlag Rüegger 2001
- *Fthenakis/Textor*, Knaurs Handbuch Familie, S. 430–473 (s. oben)
- Matthias *Matussek*, Die vaterlose Gesellschaft, Reinbek: Rowohlt Taschenbuch Verlag 1998; aktualisiert: Frankfurt: Fischer Taschenbuch Verlag 2006

- Anneke *Napp-Peters*, Ein-Elternteil-Familie: Soziale Rand-gruppe oder neues familiales Selbstverständnis?, Wein-heim und München: Juventa 1987[2] (1985[1])
- Anneke *Napp-Peters*, Scheidungsfamilien: Interaktions-muster und kindliche Entwicklung, Frankfurt: Eigenverlag des Deutschen Vereins für öffentliche und private Fürsorge 1988
- Thomas *Schirrmacher*, Der Segen von Ehe und Familie, S. 82–110 (siehe oben)
- Paul R. *Amato*/Julie M. *Sobolewski*, „The Effects of Divorce on Fathers and Children: Nonresidential Fathers and Step-fathers", S. 341–367 in: Michael E. *Lamb* (Hg.), The Role of the Father in Child Development, New York: John Wiley & Sons 2004[4]

Stiefväter
- Facetten der Vaterschaft, S. 118–125 (siehe oben)
- *Fthenakis/Textor*, Knaurs Handbuch Familie, S. 490–497 (siehe oben)
- *Schirrmacher*, Der Segen von Ehe und Familie, S. 110–116 (siehe oben)
- Liselotte *Wilk*, „Die Gestaltung multipler Vaterschaft in Stieffamilien", S. 121–142 in: Sabine *Walper*/Beate *Schwarz* (Hg.), Was wird aus den Kindern? Chancen und Risiken für die Entwicklung aus Trennungs- und Stieffami-lien, Weinheim: Juventa 2002[2]
- *Amato/Sobolewski*, „The Effects of Divorce on Fathers and Children", S. 356–359 (siehe oben)

Unterschied von Mann und Frau, Mannsein
- Rolf *Degen*, „Kleine Differenzen: Auch im Gehirn unterscheiden sich Frau und Mann". *Bild der Wissenschaft* (1992) 10, S. 24–27
- Christof *Gaspari*, Eins plus eins ist eins: Leitbilder für Mann und Frau, Wien: Herold Verlag 1985

- John *Gray*, Männer sind anders. Frauen auch, München: Goldmann 2002
- John *Gray*, Mars, Venus und Partnerschaft: Vertrautheit, Nähe und Liebe durch offene Kommunikation, Rheda-Wiedenbrück: RM-Buch 1999
- Anne *Moir*/David *Jessel*, Brainsex: Der wahre Unterschied zwischen Mann und Frau, Düsseldorf: Econ 1990[1]; 1996[3]
- Paul M. *Zulehner*/Rainer *Volz*, Männer im Aufbruch, Ostfildern: Schwabenverlag 1999[3]

IV. | Anmerkungen

[1] Annette Zinkant, Mr. Unentschieden: Warum Männer zu nichts taugen, Frankfurt: Krüger 2006².

[2] Cordes, Die verlorenen Väter, S. 9.

[3] Petri, „Vaterlose Gesellen", S. 11.

[4] Alles nach *Die Welt* vom 18.5.2007, S. 4.

[5] *Rohner-Dobler*, Familien brauchen Väter, S. 29.

[6] *Banks*, Vater sein dagegen sehr..., S. 14.

[7] A.a.O., S. 11.

[8] A.a.O.

[9] Nachdruck von Thomas *Schirrmacher*, „Papa & Co.": Neues Leben 44 (1999), S. 9.

[10] S. zur historischen Entwicklung *Lenzen*, Vaterschaft, und in Kurzform: Facetten der Vaterschaft, S. 6–15.

[11] *Barth*, „Vaterschaft im Wandel".

[12] Facetten der Vaterschaft, S. 9.

[13] Siehe *Rogge*, Kinder brauchen Grenzen.

[14] *Lamb*, The Role of the Father in Child Development, S. 27.

[15] *Biller/Solomon*, Child Maltreatment and Paternal Deprivation, S. 67.

[16] *Lamb*, a.a.O., S. 29.

[17] *Lamb*, a.a.O., S. 15.

[18] *Pruett*, Fatherneed.

[19] A.a.O. S. 2.

[20] Siehe Rauch, „Das neue Bild vom Vater", und die dort genannten Studien.

[21] „Das neue Bild vom Vater", GEO.

[22] Wassilios E. *Fthenakis*, Väter, bes. Bd. 1., S. 23–48; S. 209–283.

[23] Facetten der Vaterschaft, 30; vgl. *Le Camus*, Väter, 76–81.

[24] *Grossmann*, Bindungen, 243.

[25] Die Forschungen von Lorenz wurden bereits 1975 widerlegt in: Gunter *Pilz*/Hugo *Moesch* (Hg.), Der Mensch und

die Graugans: Eine Kritik an Konrad Lorenz, Frankfurt: Umschau 1975.

[26] Z. B. *Grossmann*, Bindungen, S. 68; 102; 218–239.

[27] Siehe *Rauch*, „Das neue Bild vom Vater", und die dort genannten Beispiele.

[28] *Lamb*, Role, S. 9–10; vgl. *Seiffke-Krenke*, Psychotherapie und Entwicklungspsychologie, S. 199–200; 220–224.

[29] *Barth*. „Vaterschaft im Wandel" unter Berufung auf *Lenzen*, Vaterschaft.

[30] *Petri*, Das Drama der Vaterentbehrung, S. 11.

[31] George A. *Akerlof*, „Men without Children", *The Economic Journal* 108 (1998), S. 287–309.

[32] A. a. O., S. 296–297.

[33] A. a. O., S. 303.

[34] A. a. O., S. 11; vgl. *Le Camus*, Väter, S. 113–128.

[35] *Petri*, Väter sind anders.

[36] Samuel *Osheron*, Finding our Fathers, New York: Fawcett Columbine 1987, S. 6.

[37] *Petri*, „Vaterlose Gesellen", S. 11.

[38] *Biller*, Fathers and Families, S. 3.

[39] *Thomas*, „Untersuchungen zum Problem der vaterlosen Erziehung ...", S. 27.

[40] *Petri*, Das Drama der Vaterentbehrung, S. 158.

[41] *Plewina*, „Das Trauma der Trennung", S. 58.

[42] *Franz*, „Wenn der Vater fehlt" (1999), Untertitel.

[43] *Franz*. „Wenn der Vater fehlt – Spätfolgen einer vaterlosen Gesellschaft" (2002).

[44] A. a. O., S. 180.

[45] *Matussek*, Die vaterlose Gesellschaft, S. 125. Die dort genannten Quellen habe ich alle überprüft.

[46] *Petri*, Das Drama der Vaterentbehrung.

[47] A. a. O., S. 159.

[48] *Lamb*, The Role of the Father in Child Development (2004⁴), S. 163–164.

[49] *Frauenknecht*, „Der Schlüssel zum Glück: geteilte Kinder-Erziehung", Forschungsergebnisse aufgrund von sich über zwölf Jahre erstreckende Untersuchungen der Yale-Universität.

[50] Facetten der Vaterschaft, S. 144.

[51] *Schirrmacher*, Der Segen von Ehe und Familie, S. 72–74.

[52] *Biller/Solomon*, Child Maltreatment and Paternal Deprivation, S. 67.

[53] A. a. O., S. 67.

[54] A. a. O., S. 133.

[55] Siehe etwa *Schirrmacher*, Ethik, Bd. 4, S. 435–495.

[56] *Biller/Solomon*, a. a. O., S. 59.

[57] Siehe ausführlicher *Schirrmacher*, Der Segen von Ehe und Familie, S. 67–72.

[58] *Cordes*, Die verlorenen Väter, S. 13.

[59] A. a. O.

[60] *Thomas*, „Untersuchungen zum Problem der vaterlosen Erziehung ...", S. 35.

[61] *Horie*, Auf der Suche nach dem verlorenen Vater, S. 63.

[62] Beides *Ruhl*, Kinder machen Männer stark, S. 101.

[63] *Petri*, Das Drama der Vaterentbehrung, S. 31–32.

[64] *Le Camus*, Väter; *Le Camus*, Vater sein heute.

[65] *Fthenakis*, Engagierte Vaterschaft, S. 38.

[66] Facetten der Vaterschaft, S. 244.

[67] *Pruett*, Fatherneed, S. 7–8.

[68] *Beyer*, Das Baby-Buch für neue Väter, S. 22–23.

[69] „Das neue Bild vom Vater", GEO; vgl. *Le Camus,* Väter, S. 46–74; S. 91–93.

[70] „Das neue Bild vom Vater", GEO, einführende Absätze.

[71] Facetten der Vaterschaft, S. 146.

[72] Siehe etwa die in *Grossmann*, Bindungen, S. 529, vorgestellten Studien.

[73] Z. B. *Grossmann*, Bindungen, S. 223–224 und *Seiffke-Krenke*, Psychotherapie und Entwicklungspsychologie, S. 195–224.

[74] *Seiffke-Krenke*, „Neuere Ergebnisse der Vaterforschung", S. 392–395, und *Seiffke-Krenke*, Psychotherapie und Entwicklungspsychologie, S. 195–224.

[75] *Biller*, Fathers and Families, S. 3.

[76] Siehe besonders *Zoche*, Vorbilder prägen Weltbilder.

[77] *Fthenakis/Textor*, Knaurs Handbuch Familie, S. 193.

[78] *Moir/Jessel*, Brainsex, vgl. die in Degen, „Kleine Differenzen", vorgestellten Untersuchungen.

[79] *Moir/Jessel*, Brainsex, Verlagswerbung.

[80] Siehe *Lamb/Lewis*, „The Development and Significance of Father-Child Relationships …", besonders S. 272.

[81] *Biller*, Fathers and Families, S. 47.

[82] *Fthenakis/Textor*. Knaurs Handbuch Familie, S. 191–193.

[83] *Biller/Solomon*, Child Maltreatment and Paternal Deprivation, S. 74.

[84] *Grossmann*, Bindungen, S. 231.

[85] *Rohner-Dobler*, Familien brauchen Väter, S. 103.

[86] *Fthenakis*, Engagierte Vaterschaft, S. 38.

[87] Facetten der Vaterschaft, S. 196.

[88] „Das neue Bild vom Vater", GEO.

[89] Facetten der Vaterschaft, S. 69–75.

[90] *Kaufmann*, Schrumpfende Gesellschaft, S. 152.

[91] A. a. O., S. 153.

[92] *Mohn/von der Leyen*, Familie gewinnt, S. 87, siehe im Einzelnen in der Literaturliste.

[93] A. a. O., S. 72.

[94] A. a. O., S. 123–124.

[95] Vgl. Thomas *Schirrmacher*, Die neue Unterschicht, Holzgerlingen: Hänssler 2007.

[96] Siehe besonders *Mohn/von der Leyen*, Familie gewinnt, S. 132–133.

[97] Siehe vor allem: Facetten der Vaterschaft, S. 103–109.

[98] Nach Untersuchungen von Gerhard *Amendt*, „Väterlichkeit...", S. 23.

[99] *Wilk*, „Die Gestaltung multipler Vaterschaft in Stieffamilien", S. 124–125.

Thomas Schirrmacher

Multikulturelle Gesellschaft – Chancen und Gefahren

Tb., 12 x 19 cm, 96 S.,
Nr. 394.576, ISBN 978-3-7751-4576-3

Multikulti gilt einerseits als gescheitert, andererseits ist es längst Alltag in Deutschland. Wem die Zukunft unseres Landes nicht gleichgültig ist, braucht verlässliches Basiswissen über die Lage, über Unterschiede der Kulturen, aber auch positive Perspektiven, wie Christen begeistert in einer multikulturellen Gesellschaft leben können. Ein Weltbürger und Fachmann fasst das Wesentliche zusammen.

Bitte fragen Sie in Ihrer Buchhandlung nach diesem Buch! Oder schreiben Sie an: Hänssler Verlag GmbH & Co. KG, D-71087 Holzgerlingen.

Cornelia Mack

Was uns als Familie stark macht

Pb., 13,5 x 20,5 cm, 100 S.,
Nr. 394.292, ISBN 978-3-7751-4292-2

Die Wertebeliebigkeit unserer Gesellschaft macht auch vor unseren Familien nicht halt.
Viele Mütter und Väter fragen sich, welche Werte sie in der Erziehung vermitteln sollten und wie das konkret gelingen kann.
Die Rückbesinnung auf die Werte Gottes ist notwendig.
Wenn wir nach Gottes Ordnungen und Werten leben, gelingt unser Leben miteinander besser.
Aus den Grundlagen und Wegweisungen, die Gott uns schenkt, können wir Sicherheit und Stärke ziehen.

Dazu möchte dieses Buch Hilfestellung geben.
Denn: Unser Land braucht starke Familien!

Bitte fragen Sie in Ihrer Buchhandlung nach diesem Buch!
Oder schreiben Sie an: Hänssler Verlag GmbH & Co. KG,
D-71087 Holzgerlingen.